《评估指南》背景下幼儿园保育教育

师幼互动

主编◎徐曼丽　陈晓鹭　韩　志

中国出版集团有限公司

世界图书出版公司
北京　广州　上海　西安

学前教育工作是一项奠基工程，也是一项未来工程。办好学前教育，关系亿万儿童健康成长，关系社会和谐稳定，关系党和国家事业未来。

党的十九大提出，要在"幼有所育""幼有优育"上不断取得新进展，习近平总书记就学前教育改革发展多次作出重要批示。我国已经进入高质量发展阶段，党的十九届五中全会从国家层面提出了建设高质量教育体系的要求。由此，学前教育已真正成为高质量教育体系的有机组成部分。

"十四五"是学前教育从高速增长向高质量发展转型的关键期，即从公益普惠向优质发展。为此，我们应根据高质量的要求，深入思考学前教育改革和发展中关于"培养什么人、怎样培养人、为谁培养人"的根本问题。2022年2月，教育部印发《幼儿园保育教育质量评估指南》（以下简称《评估指南》）指出，坚持社会主义办园方向，践行立德树人的使命，树立科学评价导向，推动构建科学保教体系，整体提升幼儿园办学水平和保教质量。《评估指南》首次将"品德启蒙"列入幼儿园"办园方向"关键指标，幼儿品德启蒙教育的重要性愈加凸显。

幼儿教育除了文化启蒙，更重要的是良好品德的培养，对于幼儿个体成长与发展具有重要的奠基作用。

《评估指南》颁布两年以来，各地纷纷响应，践行文件精神。但是很多幼儿园依然无法理解和参透《评估指南》的精髓，无法真正落实其精神，不知如何在保育教育中践行。在现实执行过程中文件是文件，保教过程是保教过程，两者出现了剥离，前者成了用来学习的理论，并没有很好地引导后者质量的提高。

怎样在两者之间架起联系的桥梁，让文件的精神落实在保教过程中，更契合一线工作者的需求呢？

本书立足幼儿品德启蒙教育探索与研究，以习近平新时代中国特色社会主义思想为引领，贯彻《新时代幼儿园教师职业行为十项准则》和《评估指南》，从《评估指南》中提取品德教育、保育工作、运动健康、安全工作、一日生活、幼小衔接、师幼互动、家园共育、环境创设、园本教研十个核心方面，分别进行阐述，其内容全面，涉及幼儿园工作的各个方面；每册目标鲜明、主题突出、论述亲切、可读，案例选材经典、主题深入、分析精练，有利于教师灵活使用。

为了增强可读性、时效性和操作性，图书中的案例作者以幼儿园一线教师为主，事件是发生在实际生活中的，建议是基于成功经验的总结和提升的，他们能够以理论为工具，对教育行为和实践进行对照分析，每个案例的说明，都以落实《评估指南》为目标，能尽快提高师德素养与保教能力，也有助于幼儿家长等社会人士了解幼儿品德启蒙教育的相关知识与技巧。

希望本书能够引起广大教师的共鸣，为幼儿品德启蒙教育实践提供借鉴与指导。让《评估指南》不再是文字要求，而是行为自觉。

希望这本书能给幼教工作者们以启发，也希望对幼儿园品德课程改革起到引领、启迪和借鉴的作用。

杨雅清

前言

在幼儿教育领域中，师幼互动一直扮演着至关重要的角色。师幼互动不仅是教师与幼儿之间情感交流、知识传递的桥梁，更是促进幼儿身心健康发展、塑造良好人格品质的重要途径。在《评估指南》背景下，师幼互动更是成了衡量教育质量、指导教育实践的重要标准。

《评估指南》出台，为幼儿教育提供了明确的方向和目标。它要求教育者关注幼儿的个体差异，尊重幼儿的身心发展规律，以科学的方法引导幼儿健康成长。同时，《评估指南》也强调了师幼互动在幼儿教育中的重要性，要求教师在与幼儿的互动中，注重情感交流、启发思维、培养能力，为幼儿的全面发展奠定坚实基础。

在《评估指南》的指导下，师幼互动的内涵和外延得到了进一步拓展。教师不再仅仅是知识的传授者，更是幼儿成长道路上的引导者和支持者，更加需要关注幼儿的兴趣爱好、情感需求、认知能力等多个方面，通过丰富多样的互动形式，激发幼儿的学习兴趣和主动性，促进幼儿综合素质的提升。

然而，在实践中，师幼互动也面临着一些挑战和困难。一方面，教师需要不断更新教育理念，提升专业素养，以更好地适应《评估指南》的要求；另一方面，幼儿作为互动的另一方，其身心发展的差异性和不确定性也给互动带来一定的难度。因此，如何在《评估指南》的背景下，有效促进师幼互动、提高教育质量，是当前幼儿教育领域亟待解决的问题。

本书旨在对照《评估指标》中关于师幼互动的 7 项考查要点，通过描述当前师幼互动的实际过程，分析教师策略和效果评估，以此提炼《评估指南》背景下的师幼互动技巧，帮助教师在"师幼互动"过程中找准定位。希望本书能够对广大幼儿教育工作者提供一定的参考和借鉴，共同推动幼儿教育的健康发展。

目　录

第三章　师幼互动案例

微信扫码
● AI 教学助手
● 内容图谱
● 知识图卡
● 保育笔记

第一章

高质量师幼互动模式的建构与实践

第一节　深刻的背景

一、政策引领：《评估指南》促进师幼互动改革深化

中共中央、国务院《深化新时代教育评价改革总体方案》明确指出，教育评价改革的主要目标是纠正导向不合理、方法不科学等现实问题。2022 年，教育部颁布《评估指南》，对如何完善以促进幼儿身心健康发展为导向的学前教育质量评估体系提出了明确要求。

二、价值凸显：师幼互动改革助力幼儿全面发展

《评估指南》把关注和聚焦保育教育过程质量作为质量评估的着力点。其中，特别强调为教师将科学保教理念转化为实践、在实践中建立有效师幼关系、开展高质量师幼互动提供具体指引。如何改进与提升师幼互动质量，一直是幼儿园保教实践改革的难点、困惑，集中体现在以促进幼儿主动学习为核心的保教实践中，体现在如何正确认识、有效发挥幼儿和教师在幼儿学习发展中的作用。对此，《评估指南》专设"师幼互动"关键指标，明晰了高质量师幼互动的行动框架与路径。

三、需求驱动：社会与家长对师幼互动质量提出新要求

师幼互动作为幼儿园教育中的核心环节，其质量直接关系到幼儿的成长与发展。在新的时代背景下，社会与家长对师幼互动的要求不再仅仅停留在表面的友好与和谐，而是更加注重互动的深度、有效性和教育性。他们期望教师能够真正理解每个孩子的个性、兴趣与需求，与他们建立起真正的情感纽带，并通过科学的方法引导幼儿积极探索、主动学习。具体而言，社会与家长希望看到教师在师幼互动中展现出更多的专业素养与教育智慧。这包括教师能够运用丰富的教育资源和手段，创造出充满趣味性和启发性的互动环境；教师能够敏锐地捕捉幼儿在互动中展现出的学习信号，及时给予积极的反馈和引导；教师能够尊重幼儿的主体地位，鼓励他们自主思考、大胆表达，培养幼儿的创新精神和实践能力。这不仅是对幼儿园教育工作的肯定与期待，也是对幼儿园教育改革与发展的有力推动。

微信扫码
AI 教学助手
内容图谱
知识图卡
保育笔记

第二节　突出的问题

　　当下制约师幼互动质量提高的因素是复杂的，有幼儿园课程设置不能承载儿童发展目标的关联与进阶的原因；有部分教师过于注重教学形式多样化的原因；有的教师缺乏专业的儿童心理知识，难以准确理解幼儿的需求，使得互动难以达到预期的教育效果；很多教师更加擅长组织集体活动，缺乏充分关注每个幼儿的策略等。

一、师幼互动中教师情感支持方式单一

　　在幼儿活动中，教师应作为合作者、支持者和引导者，鼓励幼儿大胆表现，积极参与活动，给予幼儿适时的支持和引导。但在活动中，教师敏感性不足，忽视幼儿的有意义行为，常常忽略幼儿观点，错失持续了解幼儿的时机。教育活动基本由教师主导，常注重引导幼儿按照自己预设的环节完成活动，较少给予幼儿时间进行更为充分的表达、讨论、澄清和拓展，帮助幼儿形成自己的想法。如，有的幼儿表现出困惑时，为保证教学进度，教师时常用忽略或无意义的敷衍等方式回应幼儿，未提供有效的帮助。

二、幼儿的主体地位需进一步提升

在尊重儿童和教育学习安排方面对幼儿的主体性和个体差异关注不够。主要表现为教师权威的纪律约束，将自己的想法和处理意见强加在幼儿身上，忽视幼儿自身的想法，没有给幼儿更多的空间来处理问题。部分教师出于纪律和安全考虑，时刻关注和约束幼儿在活动中的行为表现，制定的游戏规则在一定程度上限制了幼儿的游戏活动，影响了幼儿的创造力和想象力，使幼儿无法体验游戏带来的乐趣。

三、观察记录的价值认知欠缺，记录流于形式

幼儿是自主游戏的主体，教师对幼儿自主游戏时的行为进行有效观察和记录分析是非常有意义的。但是，幼儿教师对观察记录的价值缺乏认知，盲目地追求观察记录的数量，缺少对观察记录的反馈和持续跟踪，把观察记录当成一项任务，为了观察而观察，使得观察记录的真正价值得不到体现。部分教师观察方法较单一、局限，且观察视角成人化。同时，教师对幼儿的行为解读以及给予的支持策略也较为随意，欠缺真实性。大部分教师把反思的焦点简单地集中在游戏者身上，重视反思幼儿在自主游戏中得到了怎样的发展，而忽略了对自己的反思。

四、游戏与课程融合模式下教师专业要求与挑战

在当前游戏与课程融合新课程模式下，师幼互动呈现出更为随机与灵活的特点。这种互动模式不仅体现在一对一的个别指导中，也体现在一对多的小组讨论和集体互动等多种场景中。这种多元化的互动方式，使得教育过程更加生动有趣，要求教师需要具备敏锐的观察力和判断力、丰富的教育知识和实践经验，以及良好的沟通能力和协作精神。然而，相比其他学段，幼儿教师在游戏与课程融合模式下的有效互动能力是一个难以在短期内快速提高的领域。这需要教师在长期的教育实践中不断积累经验，不断提升自己的专业素养和实践能力。

第三节　扎实地构建

以儿童为中心，是师幼互动的着眼点和出发点，是师幼互动的原则和立场，教育评价是实现高质量师幼互动的保障。幼儿园应遵循"明确标准—专业支持—教研支撑—评价保障"的路径，从不同角度领会《评估指南》精神，使之落到实处。

一、《评估指南》引领，明确高质量师幼互动标准

第一步，问题导向。锁定《评估指南》中师幼互动环节，根据有些幼儿园最突出的短板和弊端，找出核心词汇，剖析问题、追根溯源、寻找对策。例如，"教师以亲切和蔼、支持性的态度和行为与幼儿互动，平等对待每一名幼儿。"这里讲到教师应情绪稳定、策略得当，才能确保幼儿自信、从容，敢于真实表达。经过分析，有些幼儿园认为教师的急躁情绪很多来自于对活动目标难以达成的焦虑，一方面是目标设置难度高；另一方面是幼儿能力水平不同步。当教师的关注点聚焦在对比之后的"没有、缺失"上时，必然会不理解、不满意。

第二步，调整标准。有些幼儿园尝试将各种学科目标进行层级

划分，为同一维度发展目标拆分出多个难度递增的"小台阶"。目标越细小，说明对幼儿的观察和了解越细致。当使用这样的标准衡量幼儿的具体行为时，能够有效帮助老师判断个体发展水平。通过这种方式，有些幼儿园发现每名幼儿的经验水平都不是0，甚至负数，他们每个人在达成目标的不同阶段都有所表现。多个维度目标综合，让老师转而关注孩子们"有什么""还有什么"，对幼儿能够做出较为全面、客观的评价，对教育行为的引导更具个性化，大大缓解教师期待与实际不匹配带来的负面情绪。

第三步，应用方法。以一个类型化学习活动为例，尝试进行多维目标的层级划分。例如，从模仿拆解学习歌词、动作、游戏玩法层级开始，向集体表演的队形、报幕、小指挥复制，进而在主题绘画、手工制作、折纸等活动中迁移，进行难度拆分，实现目标层层推进、方法螺旋上升、经验逐渐积累。

二、专业驱动，支持高质量师幼互动发生

师幼互动质量的提升是一个漫长且不断积累的过程，需要幼儿园持续、深入地实践与研究，在研思过程中不断拔节成长。在关注幼儿、正确解读的基础上，选择适宜的策略才能真正实现高质量的师幼互动。

（一）学习与应用具体描述的方法

让作者（听众）感受到评价者用心欣赏的态度，学习老师的表

达方式和交流态度。改进教师观察与评价的角度，改善评价态度与原则。教师体会不同的评价方式产生的心理及行为影响；梳理具体描述方法的讲述维度，理解其观察方法、态度原则；形成原则统一、方法多维的具体描述思路。教师有目的、有计划地观察幼儿行为表现和作品，初步形成具体描述"支架"语言，极大改善了原有的重复或批评为主的评价方式。

建立以具体描述的方法为基础的新评价标准与评价方法。在生活活动、其他自主游戏及集体活动中迁移使用具体描述的方法。将具体描述的方法作为教师基本技能比赛的一个项目，以赛促学、以赛促练、以赛促用。教师能够有意识地应用具体描述的方法进行师幼互动，从事无巨细地重复到具体的分类别描述，整理出提升具体描述方法"段位"的具体做法。

（二）师幼共同建立与应用"表格＋图标"的评价标准与策略

教师对儿童可能出现的行为进行预判与归类梳理，做到有准备地追随儿童。儿童真实行为的发生，是教师对比预判结果后的观察与分析。例如，设计图标时教师通过搜集、观察、梳理生活中已有图标，发现图标一般画面简洁、概括性强，颜色、线条、形状、文字具有不同的含义指向，具有规律性。但是有些抽象的图标不易理解，需要从具象到抽象不断演变与"翻译"，所以有些幼儿园坚持幼儿设计图标在前，抽象概括在后原则，让幼儿"拷贝"各类生活图标的演变过程。在建立评价标准的过程中，坚持关注儿童行为特征，尊重儿童表达权利。

在幼儿游戏中形成易于理解、不断累加的集体规则、支持性提示等。教师基于已有经验，有计划地从儿童行为中选取有分享价值的做法，回溯幼儿经验，总结每个年龄段真正贴近最近发展区的规则和方法。研究从儿童行为表征中有目的地选取与随机检核相结合的互动模式。每个班级建立提示类、支持类表格 5 ～ 10 个，体现出由少到多的年龄特征。

以"表格＋图标"方式记录规则、方法，形成系列直观具体的评价依据。师幼互动合作，练习图文结合方式设计图标，并分类呈现在二维表格当中。研究图标由具体到抽象，逐渐概括形成特征明显的符号式，让图标成为课程研究的一部分，甚至成为一个项目式学习主题。将评价表做成固定版式，图标做成可替换的、统一规格的，应用到各领域活动当中。开展幼儿园设计图标大赛，将幼儿设计的图标应用到幼儿园环境创设当中。

基于已有经验，建立全体幼儿参与的角色扮演式自评与互评模式。以评价绘画表征为例，幼儿抽签扮演分享者与检核员，对比已经找到的作品中"有什么、没什么""讲了什么、没讲什么"进行回溯与评价记录。全体幼儿同时评估分享者与检核员的评价过程与结果是否属实。所有幼儿养成认真倾听、努力记忆的能力与习惯，仔细与事实比对并平和地接受评价结果的态度。

（三）多样态观察记录

目前，幼儿园观察记录主要体现在几个方面：一是班级教师协作每天观察一部分幼儿，用具体描述的语言写一段观察记录，一定周期内完成对所有幼儿的行为观察，类似随笔。教师在积累素材，同时养成观察与书写的习惯。二是选取素材，一定周期内写一篇图文结合的游戏故事。这个故事要求要体现出游戏时事件发生的起因与过程，有没有结果不做限制。帮助教师针对儿童持续地观察，发现儿童在游戏中解决实际问题的方法经验。三是家长做"谈画"记录，倾听孩子的绘画表征并用文字如实记录下来。有些幼儿园期望家长能够同步练习倾听幼儿真实想法的技巧，因此请家长在绘画作品上如实记录孩子自己讲述作品时的语言。请幼儿讲述自己的作品，既是他们回溯经验、梳理想法、练习语言的过程，也在弥补教师一对一倾听交流时间、精力不充足的现实问题，还是提升亲子互动质量的一个抓手。"谈画"记录更是为教师分析幼儿表征内容和技巧提供一部分佐证素材；是教师借助幼儿作品，确立有效师幼互动分享目标的重要依据。

三、教研支撑，助力高质量师幼互动推进

（一）摒弃空洞的、脱离现实的说教式教研

通过角色扮演，帮助教师站在儿童视角、理解儿童心理、体会

儿童感受。通过体验式教研，教师变身为"超级儿童"，模仿幼儿确立在主题游戏中想探寻的问题、选择自己喜欢的路径了解有兴趣的话题、运用已有经验表征自己的成果。例如，幼儿园以"火车"主题为例，首先，请老师调集自己的已有经验，用一个词语或者短句写出来，归类、梳理出不同主题背景下，能够体现该主题样貌特征的几个维度，可能包括：人、事、物、规则等。其次，根据自己的兴趣，在一段时间内探究与"火车"有关联的内容，用自己喜欢的方式探究和表现对火车主题的认知，有人想唱歌、有人想当列车员、有人想搭建火车、有人想乘车旅行等，主题游戏情境下，自由选择与小组合作逐渐整合。最后，大家用讲述、表演、制作作品等形式，以一次综合展示活动为该主题告一段落的落点。

（二）师幼互动类型化活动研究，规范教师专业行为

梳理、完善自主绘画、手工制作、折纸、歌唱、打击乐、集体舞等类型化学习活动的基本流程与组织原则，同时预设儿童学习过程中出现的多种表现，根据儿童行为表征分别确立阶段学习目标。明确类型化活动的基本流程，确定教师导学策略用语。教师模拟类型化学习活动中儿童学习的过程，预测幼儿多层次行为表现，研究主要环节教师运用的策略与方法，形成基本流程。

以类型化活动中师幼互动的策略为基础，尝试举一反三，将师幼互动工具与策略迁移到其他类型化活动中。同样的过程与方式复

制到其他类型活动当中，尝试将一些直观教具、活动过程、坚持原则、具体言行进行"迁移"和"微调"。

四、教育评价，保障高质量师幼互动效果

国际幼儿园教育质量评价标准普遍将其作为质量评估的核心内容。通过对部分幼儿园目前师幼互动进行反思，可以促进幼儿园建立科学的评价体系并不断完善，提高幼儿园教育质量。

（一）教育评价内容全面化

幼儿园在制定幼儿评价标准时，注重过程性评价。着重对幼儿学习过程进行观察和记录，将学习过程作为评价的重要依据，重视情绪情感、专注力、观察力、乐观积极的态度等评价。另外，评价标准制定体现多维度，关注幼儿个体差异和多种发展的可行性。例如，同样是看儿童绘画作品，原来多以成人美术作品为标准，从构图是否合理、色彩是否丰富、线条是否流畅、形象是否逼真等角度评价。师幼互动的基调是指出不足和更多的技能提升空间。现在，有些幼儿园逐步认识到儿童绘画表征是每个幼儿在运用独创的文字书写"日记"，包含幼儿自由地表达、经历过的感受、做过的事情、未来的计划等。

（二）教育评价主体多元化

以儿童为本是学前教育实践的核心要义，师幼互动应以促进幼儿全面健康发展为根本。师幼互动的基本特征之一是双主体性，教

师和幼儿作为主体双方在互动过程中语言、动作、情感等交流应是双向对称的。所以，师幼互动过程中，教师有意识弱化自身的"教""问"，鼓励幼儿主动性的发挥。有些幼儿园认为儿童具备评价能力，因此在师幼互动中应让幼儿参与评价，发挥幼儿自我评估的价值和作用，各类互评相互补充与完善。

微信扫码
● AI 教学助手
● 内容图谱
● 知识图卡
● 保育笔记

第四节　务实的展望

一、进一步发挥教育评价导向作用，不断提升师幼互动的质量

教育评价是热点也是难点，进一步更新对师幼互动的科学有效的教育评价内容、方法、手段，探索研究科学化、易操作的评价工具，尝试运用现代科技手段，对师幼互动进行评价。

二、继续完善"四位一体"的师幼互动模式

有些幼儿园虽然构建了"四位一体"（情感沟通、行为引导、知识传授和反思与调整）的师幼互动模式，但只是一些粗浅的尝试，还远不够成熟。目前是做得多提炼得少，还需要继续探索。

师幼互动过程中，教师从重视幼儿"应"发展到关注幼儿"已有"发展，摒弃用一把"尺子"衡量所有幼儿。幼儿园坚持以幼儿为本位，建立多层次师幼互动模式，以评促教等多项举措，持续深化教育评价改革，不断探索教育评价新路径，推进幼儿园高质量发展。

第二章
对标考查要点，有效师幼互动，促进幼儿学习

第一节 师幼互动的基本步骤

一、调整情绪状态，专注于互动过程

师幼互动的第一步，关键在于教师能够调整自身的情绪状态，确保能全身心地专注于互动过程。教师的情绪状态直接影响到师幼互动的质量和效果，因此，保持积极、平和的情绪对于建立良好的师幼关系至关重要。在互动开始前，教师应有意识地调整自己的情绪，确保以最佳状态面对幼儿。可以通过深呼吸、默数、微笑等方式来放松身心，缓解可能的紧张或焦虑情绪。同时，教师要提醒自己将注意力完全放在幼儿身上，关注他们的言行举止，用心倾听他们的声音，感受他们的情感。

通过以上措施，教师可以为幼儿创造一个安全、温馨、积极的互动环境，促进师幼之间的情感交流和信任建立。这样的师幼互动不仅能够提升教育效果，还能够让幼儿在成长过程中获得更多的支持和帮助。

二、表达兴趣与尊重，建立积极师幼关系

在师幼互动中，教师向幼儿表达兴趣与尊重是建立积极师幼关系的关键所在。当教师展现出对幼儿的兴趣时，幼儿会感受到被关注、被重视，从而更愿意与教师分享自己的想法和感受。同时，尊重幼儿也是至关重要的，这包括尊重他们的个性、需求和意愿，让他们在互动中感受到自己的价值和尊严。为了向幼儿表达兴趣，教师可以采取多种方式。例如，在交流时保持微笑和亲切的语气，认真倾听幼儿的讲述，时不时点头表示赞同或鼓励。当幼儿分享自己的作品或经历时，教师可以给予积极的反馈和肯定，表达出自己的欣赏和喜爱。这些细微的举动都能让幼儿感受到教师的关注和兴趣。在尊重幼儿方面，教师需要时刻注意自己的言行举止。在与幼儿互动时，要保持平等、友好的态度，避免使用命令或指责的语气。同时，要尊重幼儿的个体差异和独特性，不对他们进行刻板印象或标签化的评价。当幼儿提出自己的想法或建议时，教师应给予充分的重视，鼓励他们发表自己的见解。通过向幼儿表达兴趣和尊重，教师可以与幼儿建立起一种积极、和谐的师幼关系。这种关系不仅有助于提升教育效果，还能够促进幼儿的身心健康和全面发展。因此，教师在师幼互动中应时刻注意自己的态度和言行，努力营造一种温馨、支持性的互动氛围。

三、示范学习可能性，创造学习最佳时机

教师的示范不仅是幼儿学习的重要途径，也是师幼互动中教师发挥引领作用的关键环节。教师的科学、"隐藏"的示范可以激发幼儿的学习兴趣和积极性。当教师在幼儿游戏、探索过程中，自然投入地以分享自己的发现和经验的方式进行示范时，幼儿会受到感染，对学习内容产生浓厚的兴趣。这种兴趣会促使幼儿更加主动地参与学习活动，从而提高学习效果。教师还可以通过提问、引导讨论等方式，与幼儿进行互动，创造学习的最佳时机。这种互动不仅可以加深幼儿对学习内容的理解，还可以培养他们的思维能力和表达能力。

在师幼互动中，教师示范学习的可能性是丰富的，这为创造学习的最佳时机提供了有力支持。教师应充分利用示范学习的优势，与幼儿进行积极互动，共同促进幼儿的全面发展。

第二节　师幼互动的具体策略

一、自我反思，接受不同，消除偏见

在师幼互动中，教师确实应当首先进行自我反思，审视自己的经验和做法，以接受并尊重幼儿的不同，消除"成人的才是唯一标准答案"的偏见。

每位幼儿都是独一无二的个体，他们有着不同的成长背景、兴趣爱好和性格特点。因此，在师幼互动中，教师不应将自己的经验和做法强加给幼儿，而是要以开放的心态去接纳和理解他们。通过反思自己的做法，教师可以发现自己可能存在的偏见和误区，从而调整自己的教育策略，更好地适应幼儿的需求。

同时，教师要认识到，幼儿的想法和做法往往具有独特的价值和意义。他们的想象力和创造力是成人所无法比拟的，他们的观点和看法也可能带来新的启示和思考。因此，在师幼互动中，教师应学会欣赏和支持幼儿表达自己的观点和想法，尊重他们的不同，而不是一味地追求所谓的"标准答案"。

通过自我反思和接受幼儿的不同，教师以开放的心态进行反思，与幼儿建立起更加平等、和谐的关系，促进师幼之间的有效沟通和互动。这样的师幼互动有助于提升教育质量，促进幼儿全面发展和个性成长，促进师幼之间的积极互动和共同成长。

二、过程持续，倾听幼儿，加深信任

（一）保持师幼互动过程的持续性至关重要

持续性意味着教师需要在日常教育中，始终保持与幼儿互动，不断关注他们的需求和变化。通过持续的过程，教师能够更深入地了解每个孩子的个性、兴趣和需求，从而为他们提供更加个性化的指导和支持。这种持续性的互动还有助于建立稳定的师生关系，让幼儿感受到教师的关爱和支持，增强他们的安全感和归属感。

（二）教师应该耐心聆听幼儿的话语，理解他们的想法和感受

通过倾听，教师能够更准确地把握幼儿的需求和困惑，为他们提供及时的帮助和指导。同时，倾听也是尊重幼儿的表现，能够让幼儿感受到自己的价值和被重视的程度，从而激发他们的学习积极性和自信心。

（三）加深信任是师幼互动的重要目标之一

信任是师幼关系的基础，只有建立了信任关系，幼儿才会更愿意与教师分享自己的心事和困惑，教师才能更好地了解和支持他们。为了加深信任，教师需要真诚地对待每一个孩子，尊重他们的个性和差异，给予他们足够的关爱和支持。同时，教师需要遵守承诺，

言行一致，让幼儿感受到教师的可靠。

三、接纳感受，给予时间，尊重个性

（一）接纳幼儿的感受是建立良好师幼关系的基础

幼儿正处于情感发展的关键期，他们的情绪丰富而敏感。当幼儿表达自己的感受时，教师应以开放、包容的态度倾听，理解并接纳他们的情感。这不仅能够让幼儿感受到教师的关爱和支持，还能帮助他们建立积极的自我认知和情感表达方式。

（二）给予幼儿时间是教师在师幼互动中的重要举措

幼儿的成长是一个渐进的过程，他们需要足够的时间来适应新环境、学习新技能、形成新习惯。在师幼互动中，教师应给予幼儿充足的时间来思考和表达，不要急于求成或施加压力。通过耐心观察和等待，教师可以更好地了解幼儿的个性特点，为他们提供更有针对性的支持和指导。

（三）尊重幼儿的个性是教师在师幼互动中应遵循的重要原则

每个幼儿都是独一无二的个体，他们有着不同的兴趣、特长和发展速度。在师幼互动中，教师应尊重幼儿的个体差异，避免用统一的标准来衡量和评价他们。相反，教师应根据每个幼儿的特点和需求，制定个性化的教育方案，提供多样化的学习资源和活动机会，以促进他们的全面发展。

第三节　师幼互动的效果评估

一、幼儿行为表征

从幼儿行为表征进行师幼互动效果评估是一个全面且深入的过程，它涉及对幼儿在互动过程中的各种行为、情感和认知表现进行细致观察和分析。以下是一些关键的评估要点：

（一）观察幼儿的行为表征

幼儿的行为是他们内心状态和需求的直接反映，通过观察他们的动作、表情和言语，教师可以了解到幼儿的情感状态、学习兴趣和社交能力等方面的信息。例如，幼儿在互动中是否积极参与、是否能够与他人合作、是否表现出对学习的热情等，都是评估师幼互动效果的重要指标。

（二）分析幼儿的语言表达

语言是幼儿表达自我、与他人交流的重要工具。在师幼互动中，教师应该关注幼儿的语言表达能力，包括他们的词汇量、语法结构、表达清晰度以及情感色彩等方面。通过分析幼儿的语言表达，教师可以了解到幼儿的思维发展水平、情感状态以及对互动内容的理解程度。

（三）教师还需要关注幼儿的情感反应

情感反应是幼儿对互动内容和环境的直接感受，通过观察幼儿的情感反应，教师可以判断互动是否引发了幼儿的积极情感，如快乐、满足和成就感等。同时，教师也要留意幼儿的消极情感反应，如焦虑、不安和抵触等，以便及时调整互动策略，满足幼儿的需求。

二、教师自我评估

教师需要详细解读《评估指南》，明确师幼互动效果评估的具体标准和要求。《评估指南》通常会提供一系列评估指标，如情感氛围、教育支持、互动效果等，教师需对这些指标有清晰的认识，以便在自我评估中准确应用。

（一）教师应回顾自己在师幼互动中的实际表现

教师应观察自己与幼儿互动的频率、方式、内容等，记录典型案例，以及反思自己在互动中的态度和行为。例如，教师是否建立了积极、和谐的情感关系，是否能够根据幼儿的需要提供适当的支持和引导，以及互动是否有效、是否能够激发幼儿的兴趣和积极性等。

（二）教师需要根据《评估指南》中的标准，对自己的师幼互动效果进行客观评价

在评价过程中，教师既要看到自己的优点和长处，也要正视自己的不足和需要改进的地方。对于表现不佳的方面，教师要深入分

析原因，寻找解决策略。

（三）教师需要制订具体的改进计划，并付诸实践

改进计划可以包括提升自我情绪管理能力、增强对幼儿的观察和理解能力、优化互动策略等。在实施改进计划的过程中，教师要保持开放和包容的心态，愿意接受新的观念和方法，不断尝试和创新。

自我评估是一个持续的过程，教师需要定期进行反思和调整，以适应幼儿发展的变化和教育需求的变化。通过持续的自我评估和改进，教师可以不断提升自己在师幼互动中的表现，为幼儿的健康成长提供更好的支持。

三、家长态度反馈

通过家长的态度反馈来评估师幼互动的效果，是一种全面且深入的方法。这不仅能够反映教师在教育过程中的表现，还能体现家长对教育的满意度和参与度。

（一）我们需要明确评估师幼互动效果的目的

评估效果不仅仅是看教师与幼儿之间的交流是否顺畅，更重要的是看这种互动是否有助于幼儿的全面发展，包括认知、情感、社交和人格品质等方面。因此，评估的内容应该围绕这些方面展开。

（二）通过多种方式收集家长的态度反馈

例如，可以设计问卷调查，让家长就师幼互动的效果进行评价；也可以组织家长座谈会，让家长面对面地分享他们的观察和感受。此外，我们还可以利用现代技术手段，如微信群、线上平台等，让家长随时随地都能提供反馈。家长针对某一件事情或者某一个阶段愿意听老师的分享，愿意主动跟教师分享孩子在家的做法，想向教师请教一些经验等，这些都是家长认可老师与幼儿互动有效性的标志。

基于家长的反馈，我们可以对师幼互动的效果进行客观评估。如果大部分家长对师幼互动表示满意，认为教师在教育过程中能够关注幼儿的需求，与幼儿建立良好的关系，那么我们可以认为师幼互动的效果是积极的。反之，如果家长普遍反映师幼互动存在问题，如教师态度冷漠、缺乏耐心等，那么我们就需要针对这些问题进行改进。

四、班级氛围转化

从班级氛围转化的角度对师幼互动效果进行评价，是一种全面且深入的分析方法。这不仅能够体现教师在创造良好班级氛围方面的努力，还能反映这种氛围对师幼互动效果的影响。一个积极、和谐、充满爱的班级氛围，能够为师幼互动提供良好的环境基础，促进教师和幼儿之间的情感交流、知识传递和技能培养。反之，如果班级氛围紧张、冷漠或者缺乏活力，那么师幼互动的效果也会大打折扣。

（一）情感氛围的转变

观察班级中教师和幼儿之间的情感关系是否更加积极、和谐。教师可以通过亲切的语言、温暖的笑容和关爱的行为来营造积极的情感氛围，使幼儿感受到被尊重、被关爱和被支持。在这种氛围下，幼儿更愿意与教师进行互动，积极参与各种活动，从而提高师幼互动的效果。

（二）互动行为的改变

评估班级中师幼互动行为是否更加频繁、多样和有效，教师可以通过组织丰富多彩的活动、鼓励幼儿发表意见和提问、及时回应幼儿的需求等方式，增加与幼儿的互动机会。同时，教师应关注幼儿的个体差异，为每个幼儿提供个性化的支持和引导，以满足他们的发展需求。

（三）幼儿发展的提升

一个积极、和谐的班级氛围能够激发幼儿的学习兴趣和探索欲望，促进他们在认知、情感、社交和身体等方面的全面发展。教师可以通过观察幼儿的表现、记录幼儿的发展轨迹等方式，来评估班级氛围转化对幼儿发展的促进作用。

第三章
师幼互动案例

第一节　师幼保持情绪稳定是有效互动的基础

情绪是人类心理活动的重要组成部分，它直接影响着我们的思维、行为和决策。对于幼儿来说，他们的情绪更为直接、纯真，也更容易受到外界影响。因此，当教师情绪稳定时，能够给幼儿创造一个安全、和谐的学习环境，使幼儿更愿意参与各种活动，与教师形成积极的互动。

教师的情绪稳定会影响幼儿的心理发展。教师的笑容、耐心和鼓励，都能够给幼儿带来正面的情感体验，增强他们的自信心和自尊心。反之，如果教师情绪不稳定，可能会让幼儿感到紧张、害怕，从而影响他们的学习和成长。

师幼之间的有效互动，有助于增进彼此的理解和信任。当教师能够控制自己的情绪，用平和的态度去理解和接纳幼儿的情感和行为时，幼儿也会更愿意打开心扉，与教师分享他们的喜怒哀乐。这种互动不仅能够促进幼儿的情感发展，还能够加深师幼之间的情感纽带。因此，教师应该注重自我情绪管理，努力创造一个和谐、稳定的教育环境，与幼儿形成信任、尊重、轻松的互动关系，共同促进幼儿的健康成长。

班级里的"定海神针"

▶ **案例背景**

《评估指南》关于师幼互动的评估指标指出：教师保持积极乐观愉快的情绪状态，以亲切和蔼、支持性的态度和行为与幼儿互动，平等对待每一名幼儿。

轩轩一直是个温和的男孩，虽然表情总是忧郁，但跟小朋友相处很融洽，今天，他却出现了攻击行为。

大班孩子在户外练习队列及广播操，教师在结束时表扬了几位认真练习的幼儿，并请大家为他们送上掌声，然后整队回教室。就在返回教室的途中，轩轩突然跑到队伍前面，双手用力推向队伍中的一个小女孩儿，教师被他突然的袭击行为惊呆了，下意识地伸手扶住快要倒地的女孩儿。同时听到轩轩嘴里大声地喊叫："你走，你走，我要把你们都赶走。"面对此时的轩轩，教师要如何处理呢？

▶ **案例描述**

教师决定先带其他幼儿回教室，请保育老师带轩轩在户外平复一下情绪。大家刚走到教学楼的一层半，就听到轩轩的喊声："你们不准上楼，我要把你们都赶走。"他冲进了队伍的尾部，用手用力去推一个高个女孩儿，幸好女孩儿的后面是墙，并未摔倒。教师着急了，走到轩轩面前，大声而坚定地说："我不允许你推其他小朋友，我也不会允许别人推你，请你暂时离开集体。"

教师请轩轩坐到班级的"冷静角"，说："我知道你现在很生气，但你刚才推人的行为差点儿对小朋友造成伤害，为此我也十分生气，现在让我们一起冷静5分钟。"然后用手指着墙面的钟表说："当长针从8走到9的时候，我们再沟通。"说完，教师不再与轩轩对视，但余光一直在关注他的动态，同时静静地思考：平时温和的轩轩为什么有这样的行为？应该怎样处理这件事？

时间到了，教师搬把椅子坐在轩轩的旁边说："5分钟到了，我们可以谈一谈。"轩轩生气地把脸扭向一边说："我就要把他们都赶走。"教师平静地说："可—以—。"轩轩听到这两个字时愣住了，把脸转向教师，脸上的怒气少了很多，不相信地看着教师。教师接着说："我感觉到了，你今天很生气，非常生气，可以告诉我你为什么这么生气吗？"轩轩带着哭腔说："你只表扬别人，我也很努力呀，我要把他们都赶走！"教师马上想到，轩轩刚才推的两名女孩儿，就是被表扬的孩子。

教师拉住轩轩的手，真诚地道歉："对不起，刚才我没注意到你的努力，为此很抱歉，我能抱一抱你，来表达我的歉意吗？"说完，将轩轩搂在怀中，轩轩刚开始还僵硬着身体想要躲开，教师轻轻地在他耳边说："因为你努力了，老师不知道，表扬了别人，没有表扬你，所以你生气了。"听完老师的话，怀中的轩轩身体渐渐松软下来。

教师放开轩轩，看着他的眼睛说："我们想个办法，怎样让老师看到你的努力呢？"轩轩想了想说："以后我努力了就做一个用力的动作。"教师说："那我们练习一下。"轩轩做了一个用力的动作，教师说："请你说一说你是怎样努力的。"轩轩说："做操时我把手伸得特别直，胳膊都酸了，也没放下。走队列时把腿抬得高高的，用力踏地，脚都疼了。"教师说："原来轩轩是这样努力的，值得表扬。"轩轩不好意思了，教师抓住时机问："你刚才哪里做得不对了？"轩轩说："我生气推了小朋友，我给她们道歉。"

▶ 案例分析

1.把握安全第一的原则，教师及时将情绪激动的幼儿与集体分离，这样能有效保护班级中其他幼儿的安全。

2.当教师自己都很生气、情绪化时，首先做的就是冷静，不急于处理事件，而是留给自己几分钟的时间，平复情绪，恢复理性思考，找到处理问题的最佳方案。

3.接纳是沟通的基础。当孩子说："我就要把他们都赶走。"教师回复"可以"是孩子想不到的，因为教师没有说教，批评他的无理要求，而是充分认同他的情绪，让孩子感到自己是被接纳的，这种认同让孩子安心。只有在认同幼儿情绪的前提下，师幼才能真正沟通，引导幼儿说出产生情绪的原因，对症下药，解决问题。

4.当教师发现因为自己没关注到轩轩的努力付出，而导致他把怒气迁移到其他幼儿后，教师真诚地道歉，用温暖的肢体接触拉近距离，并说出轩轩生气的真正原因，不仅帮助幼儿准确地表达了情绪，同时为幼儿以后情绪的表达做出了语言示范。

5.师幼共同寻找解决问题的方案，并在练习中掌握表达的方法。虽然教师是理解接纳轩轩的情绪的，但他伤害他人的行为是不对的，同时引导幼儿以其他的方式来表达，并做具体的练习，学习客观地说出自己的需求。

▶ **互动质量评估**

1. 轩轩在整个事件中，从情绪激动到平静表达，再到找到解决办法，最后是跟小朋友道歉，整个过程中逐渐摆脱情绪主宰，学会了冷静思考，增强了分析和解决问题的能力。

2. 教师在幼儿出现连续攻击行为后，虽然很生气，但能较快地稳定情绪，保持冷静，用适当的方式处理事情，保持班级和谐的氛围，在班级里起到"定海神针"的作用。

3. 教师与妈妈沟通了这个事情，妈妈告知家中父亲的脾气比较暴躁，对孩子较严厉，回去要和父亲好好沟通，改善亲子关系。

（国防大学幼儿园·石家庄园　王娜）

📱 **微信扫码**
● AI 教学助手
● 内容图谱
● 知识图卡
● 保育笔记

这是我的

视频二维码

▶ 案例背景

《评估指南》师幼互动的关键指标中提到，教师要保持积极乐观愉快的情绪状态，以亲切和蔼、支持性的态度和行为与幼儿互动。

户外活动的时间到了，孩子们兴奋地冲进阳光平台，按照计划，他们将在平台上进行"花样圈圈百变玩"的游戏。在活动之前，孩子们已经将圈怎么摆放，几人玩，怎样玩，用画图的形式进行了计划。可乐也不例外，她兴奋地讲述着自己游戏计划单上的内容："我要把圈一排一个，一排两个的摆放，围成一圈，小朋友们可以跳圈，还可以再打地鼠呢！"她傲娇极了，好像已经沉浸在游戏成功的喜悦中了。那么，在实际游戏的过程中，她的计划能够实现吗？让我们一起看看吧！

▶ 案例描述

只见可乐第一时间就向材料库奔去，她"抢"到了大量的圈圈，在选好了场地后，她把圈圈放在一旁，开始按照游戏计划摆起来，一排一个，一排两个……她严格按照游戏计划进行，甚至颜色也做好了安排。但是，当她再回去拿圈的时候，圈却不见了。于是，她慌张地东瞧西望，终于在不远处看到牛牛拿着一堆圈，于是她跑过去，冲着牛牛大声喊："这是我的！"牛牛也很委屈："你有那么多！"可乐不甘示弱："这是我先拿到的，就是我的！""你应该分享！"二人谁也没有退让，边大声喊着："这是我的！"边开始争抢起来。

杨老师介入进来，想帮助他们共同解决问题："发生什么事了？"牛牛见状跑开了，但是可乐继续大声哭喊："这是我的……"甚至扔下了圈圈，坐在地上大哭起来。杨老师试图通过倾听她诉说事情的经过，帮助她稳定情绪，解决问题。但是可乐依旧没有平静下来。

于是，杨老师拉着可乐的小手，把她带到了阳光平台的一边，陪伴她坐着看其他小朋友游戏。大约过了 10 分钟，可乐的哭声小了，杨老师向她伸出了双手，可乐顺势拥进了杨老师的怀抱，杨老师温柔地说："你和牛牛都想玩圆圈，但是圆圈数量不够，那我们一起商量一下怎么办吧。"可乐点点头。

现在，"当事人"已聚齐，首先请他们分别说了事情的经过，接着问他们："看来圆圈是今天游戏大家都喜欢的玩具，但是数量不够，能怎么办呢？"

可乐说："我可以少用几个圆圈，和小朋友先练习怎么玩。"

"对！你的圈可以缩小一点啊，它还是一个圈，还能打地鼠啊！"

"嗯嗯！"可乐恍然大悟。

牛牛说："我们可以一起在地上画圆圈，或者用小石子摆圆圈，也能打地鼠。"

"要是这样，牛牛想用圆圈套圈玩，也可以少用一些，或者手工活动时再做些圆圈。"

……

孩子们七嘴八舌地想出一些办法，衍生出了新的游戏情节和活动内容，"圈圈的百变之旅"正式开启了。

玩具数量与幼儿需求的不匹配，这样的问题会经常存在。老师把"怎样解决玩具数量不够"当作一个话题，请孩子们利用晨谈时间讨论。孩子们经过讨论与协商，决定可以"石头、剪刀、布"；可以你玩一会儿再给我；可以一起玩儿，轮流玩不同的游戏；还可以通过动手动脑自制需要的玩具，增加数量；等等。

▶ **案例分析**

1.可乐善于计划，能按照计划行事，但是面对实际，缺乏应变能力。

2.处于中班年龄阶段的幼儿，在实际游戏中不断积累解决问题的经验，这种意识和能力也在不断发展中，一旦将注意力专注于解决问题，就不再纠结于谁应该、谁正确的无效争论当中，对于稳定情绪具有决定性的作用。

3. 面对可乐着急哭闹的行为，杨老师并没有被她的情绪"牵着走"。可以发现杨老师善于控制自己的情绪，也给予孩子发泄的出口，等孩子稳定情绪后再进行沟通。

4. 两位小朋友产生争执而无法解决，这样的行为属于"红色"行为，杨老师并没有继续等待，而是及时介入，属于合适的介入时机。

5. 在解决问题的过程中，杨老师耐心倾听可乐和牛牛双方对事情发展经过的描述和想法，符合师幼互动中教师要一对一倾听，重视幼儿通过讲述表达自己的想法。

6. 在问题解决后，杨老师将问题的本质提炼，将"分配"问题延伸至全班进行讨论，促进了孩子们有意义的，深入学习。孩子们也商量出了多样的解决办法，相信经过这样的互动，孩子们再遇到这样的问题一定会迎刃而解。

▶ 互动质量评估

1. 老师在事后与家长进行了沟通，了解到可乐是独生子女，平时家里人对她百依百顺，造成孩子比较自我，当不能达到她的要求时，可乐会以哭闹的方式回应。妈妈在孩子发脾气时比较着急和焦虑，会有惩罚孩子的现象。以后妈妈应尝试老师介绍的方法，引导孩子稳定情绪，通过讲道理，移情等方法解决问题。

2. 对于此次事件，杨老师深挖问题本质，将其转变为普遍性问题，延伸至全班，引发了全班小朋友的思考与讨论，为小朋友们在面对这种类型的问题时，提供了更多的解决方法和路径，提高了全班幼儿解决问题的能力。

（邯郸市第三幼儿园　杨斐）

熊猫的游泳馆

▶ 案例背景

《评估指南》关于师幼互动的评估指标指出，教师应以亲切和蔼、支持性的态度和行为与幼儿互动。

在幼儿园教育活动中，教师需要分析自己的教育言行，审视自己的教育行为。通过温暖、富有感情、支持性的语言、行为、态度等与幼儿互动，促进幼儿健康人格的发展。

在动物园主题活动中，孩子们确定了大象馆、熊猫馆、猴馆三个展馆。大家从家里带来了大小不一、材质不同的各种材料。三个不同展馆的动物类别、生活习性、生活设施截然不同，孩子们会怎样进行制作呢？

▶ 案例描述

"刚才，小朋友们都讲到了自己想做的熊猫馆的设施，也说到了想用的材料以及做的方法，现在大家去取材料开始制作吧！"音乐响起，小朋友们去选择自己认为适宜的制作材料。

乐乐从材料库拿出牛奶箱，翻过来翻过去地比划打量。然后，拿起剪刀，沿着牛奶箱盖子的一条短边剪了下来。他又看了看、比了比，再次拿起剪刀，把剩下的边一一剪下来，手里只剩下一个长方形的纸板。乐乐跟同伴借了水彩笔在纸板上画了一会儿，把纸板转过来看看，又转过去看看。大概 1 分钟后，再次拿起剪刀卡住纸板的一角。很快，乐乐又放下了剪刀，抬头看其他小朋友制作。这样持续了几分钟，乐乐开始看旁边琪琪的制作。

老师好奇地蹲下来询问琪琪在做什么。琪琪一边在 A4 白纸上涂颜色一边说："我在给熊猫做一条好看的被子。""哦，这一条条的颜色是被子的花纹吧？乐乐你做的是什么？"

"我想给熊猫建一个游泳馆。"乐乐看了看自己的纸板。

"熊猫可以在里面游泳，很有意思哦。你的这张纸板是游泳馆的什么设施呢？你是怎么想到用纸板做的？"

"这个是泳池。我见过游泳池是长方形的，所以我用长方形的纸板做游泳池。"乐乐指着纸板说。

"你发现了游泳池和纸板的形状是一样的，还有其他像的地方吗？"老师继续追问。

"颜色也像，游泳馆的水是蓝色的，你看，我的长方形纸板涂了很多蓝色的线条，这些线条就是游泳馆的水。"乐乐指着一些蓝色的折线说。

"嗯，我看到了你在纸板的中间部分，用长长的折线画了很多蓝颜色的线条，这些是游泳馆的水，看起来游泳馆的水很干净啊。那熊猫的游泳馆还需要别的设施吗？"

乐乐低下头，看着自己的游泳馆，想了想，"它还需要一个晒太阳的地方，游完泳后它还想晒太阳，这样的话，得有一个平台。对了，周围还要有竹子，熊猫从水里游出来要吃东西的。"乐乐眼睛里慢慢闪烁出了光芒。

"哦，还有平台和竹子，那你准备用什么材料来做晒太阳的平台呢？"

乐乐看了看周围的材料，最后拿了一个正方形的泡沫板，"用这个泡沫板做平台吧，白白的、软软的、熊猫应该喜欢，用双面胶粘到边上就可以了。""嗯，听起来很不错！游泳馆的竹子你准备用什么材料呢？"

乐乐去材料库里翻了翻，一会儿拿出来几根吸管和一包轻黏土，对我说："这个吸管可以做竹子的树干，竹叶就用轻黏土做。"

▶ 案例分析

1.通过老师与幼儿的互动，可以看出老师始终很尊重幼儿的想法。在尊重幼儿的前提下引导幼儿开拓思维，支持幼儿的创作。

2.从案例中可以看出，乐乐是有制作计划的，他想用牛奶箱制作熊猫的游泳馆，有一定的目的性。

3. 乐乐在制作中拿着纸板变换角度观察，用剪刀想剪又停下，这个过程中，乐乐进行了大量的思考、比对。

4. 老师从欣赏幼儿作品的角度互动，在请幼儿介绍自己的作品时，用亲切和蔼的态度倾听、描述幼儿的作品，通过提问的方式支持幼儿，引发幼儿对熊猫游泳馆设施的思考。

5. 老师在发现乐乐遇到困难后并没有急于给予帮助，而是默默观察，给幼儿提供独立处理问题的时间和空间。在乐乐转移注意后，老师介入，并表现出浓厚的兴趣与好奇。

▶ 互动质量评估

1. 乐乐在这次制作活动中有自己的计划，在制作过程中，进行了多次观察、思考，能够做到专注。

2. 从"我见过游泳池是长方形的，所以我用长方形的纸板做游泳池"可以看出乐乐能够清楚地解释自己的思考过程，并根据材料的特点制作新的作品。

3. 乐乐妈妈和老师讲到乐乐在家用报纸剪了长方形，要给熊猫做盖在身上的浴巾。

（石家庄市实验幼儿园　杨欣会）

我是小小播报员

视频二维码

▶ 案例背景

《评估指南》关于师幼互动的评估指标指出：教师应保持积极乐观愉快的情绪状态，平等对待每一名幼儿。

平等对待每个幼儿可以促进幼儿的心理健康。研究表明，被平等对待的幼儿更容易形成积极的自我概念，更自信、更有安全感。这种心理健康对于幼儿未来发展至关重要。

豆豆班每天早晨会按照学号进行晨间播报，播报的内容是按照不同主题进行选择，本次主题是图书馆，小朋友按照自己的意愿选择自己认为好听或者有趣的绘本来讲给其他小朋友听，我们一起来听听小朋友们都准备了哪些有趣的故事吧！

▶ 案例描述

"小朋友们，今天轮到恩恩和涵涵进行播报，播报时要注意我们讨论过的播报礼仪。"老师说完后，就见恩恩兴奋地举着手里自己画的故事画，向其他小朋友"剧透"一会儿要讲的故事。恩恩拿着自己的故事画面带微笑地上了台，把自己的画举到了胸前。坐在第三排的小朋友不开心地说道："老师，我看不见他的画了。"

老师发出疑问："看不见他的画，要怎么办呢？"睿睿说："可以把画举到头顶就看见了。"晨晨说："可以一边走着展示一边讲就能看见了。"文文这时站起来说："可以放到桌子上，小朋友们围着边看边听恩恩讲。"

恩恩听完小朋友的想法后也说道："可以把画投到大屏幕上，不但高，而且还可以放大，看得可清楚啦。"老师按照恩恩的想法把画投到了大屏上，小朋友们被恩恩五颜六色的画吸引住了，期待他的故事。

恩恩把自己创编的故事讲完，小朋友听得很认真。"恩恩小朋友讲故事时说到了时间、地点、人物以及人物之间发生了很有意思的事情，他讲的不是发生在同一个时间、同一个地点的事情哦。"老师总结。

其他小朋友喊道："该涵涵了。"只见涵涵默默地低下了头。

在老师的问询中得知涵涵准备了播报，但并没有准备好在小朋友们面前讲述，想第二天再进行播报。晚上，老师跟涵涵妈妈沟通了这件事，请涵涵在家"试播"演练，同时录下涵涵讲述的视频，妈妈还跟涵涵一起写画出简单的播报稿。

第二天一早，按顺序轮到乐乐和欣欣进行播报，老师看向涵涵，他还是有些紧张地轻轻摇了摇头。看着涵涵双手紧紧地攥拳，老师请他拿出自己的播报稿，让小朋友都看一看他记录播报内容的方式，说："涵涵为了今天的播报，用图画做了一个播报稿呢，请你按照顺序介绍一下都是什么内容吧。我猜，最上面画了一只小手，这是要跟大家打招呼吗？"

涵涵点点头，轻声说："大家好！"

"那接着是一个长方形，是告诉我们你喜欢的一本书吗？这本书的名字是什么呢？你为什么喜欢它？"

涵涵声音大一点儿了："这本书是《鳄鱼爱上长颈鹿》，我喜欢长颈鹿，我喂过长颈鹿吃树叶。"

……

"你讲的故事好有趣呀！还模仿了里面小动物的声音，里面还讲到了人物、时间、地点、发生的事情。这么有趣的故事，跟你昨天在家讲的不太一样，你可以看着一本书讲出两个情节不同的故事，我们再看一看你昨天的视频可以吗？"涵涵眼睛亮亮的，用力点了点头。

▶ 案例分析

1. 通过老师与涵涵的互动，可以发现老师通过观察幼儿的表情发现了其因没有准备好产生的紧张情绪，因此，在幼儿自己确认后让幼儿自己选择换一种方式完成活动。

2. 在师幼互动时要用发展的眼光看待幼儿，理解幼儿的个体差异性。从案例中可以看到恩恩敢于在小朋友面前进行讲述、分享，涵涵小朋友在播报这个活动中需要给予更长时间来准备。

3. 主题内容是在一日活动中不断进行渗透，晨间播报是幼儿对自己已有经验的梳理和表征。我们可以看出，晨间播报环节不仅可以锻炼幼儿的语言表达能力，幼儿的自信心、讲述礼仪都可以得到一定的改变。

4. 在涵涵感到没有信心，表示了不愿意的情绪后，老师选择尊重幼儿，给予幼儿一定的空间。同时跟家长沟通，从三个方面做更充分的准备，为涵涵能在集体中讲述分享打基础。

▶ 互动质量评估

1. 涵涵由于感觉播报前的准备不充分感到紧张，老师认可他的情绪表现，经过互动，涵涵的情绪状态放松了很多，能够为同伴讲述喜欢的内容。

2. 老师在针对两个幼儿的讲述过程进行评价时，运用了"我听到你讲了什么，是怎么讲的"这样具体描述的语言，与幼儿一起关注阅读画面的方法，有意忽略兴奋或紧张的情绪状态。

3. 家长在老师的提示下，采取几种策略帮助涵涵，通过录制视频、画播报稿等，进行积极反馈。

（石家庄市实验幼儿园　查宁宁）

微信扫码
● AI 教学助手
● 内容图谱
● 知识图卡
● 保育笔记

我的想法很重要

视频二维码

▶ **案例背景**

《评估指南》关于师幼互动的评估指标指出：幼儿在一日活动中是自信、从容的，能放心大胆地表达真实情绪和不同观点。

在手工活动室的展台上，有一架用各种各样的彩纸制作的火箭式的纸飞机，这是怎么做成的呢？

阳光透过窗户洒在手工活动室的地板上，孩子们围坐在桌子旁，聚精会神地听着老师的讲解。铭铭的爸爸是个飞行员，他是班级里的"航天器小专家"。这时候他有了自己的计划，他会通过这几张彩色的纸做出什么样的飞机呢？他会怎么做呢？

▶ **案例描述**

"小朋友们，制作纸飞机不仅要有耐心，还要发挥你们的想象力。你们可以按照我手上的样本做，也可以尝试做出自己的特色纸飞机。"老师的声音温柔而有力，充满了鼓励。铭铭一直对航天非常感兴趣，他迫不及待地举手发言："老师，我想做一个像火箭一样的纸飞机，这样它就能飞得更高更快了。"

老师听后眼中闪过一丝惊喜："铭铭，看来你了解火箭，也了解飞机，那你打算怎么设计你的火箭纸飞机呢？"他兴奋地说："我想把飞机的尾部做得更长更尖，就像火箭的喷射口一样，这样它就能有更大的推力了。"铭铭拿起纸张开始制作。他认真地剪裁、折叠、粘贴，但很快就遇到了问题。他试飞了几次，纸飞机总是飞不远，而且飞行轨迹也不稳定。

他有些沮丧地抬起头，向老师求助："老师，我按照自己的想法做了，但为什么飞机总是飞不远呢？"

老师微笑着走到铭铭身边，拿着搜到的火箭图片，请他比对一下跟折叠的纸飞机有哪些区别。铭铭指着机翼说，可能是这里有点宽，我试试把这儿折瘦一些。他再次向老师求助："老师，我的飞机还是飞不远，是不是我的设计有问题？"老师："那就多试试吧，如果找不到飞不远的办法，看看调整了哪些部位后飞的方向有了变化？有了什么样的变化？"

于是，铭铭不断地调整着他的纸飞机，这里加一点儿、那里折一折，纸飞机的飞行轨迹真是每次都有不同的变化，铭铭乐此不疲地试了又试，同时还收获了几个"小粉丝"。

▶ 案例分析

1.师幼关系和谐：在这次师幼互动中，可以发现老师始终保持积极乐观愉快的情绪状态，以亲切和蔼、支持性的态度和行为与幼儿互动，让铭铭感受到了自己的想法被重视和尊重，进一步激发了他的创造力和自信心。

2. 孩子问题解决能力：虽然铭铭在制作过程中遇到了困难，但他并没有放弃，而是在老师的引导下积极寻找解决方法。这种面对困难不退缩、勇于尝试的精神，是孩子们成长过程中需要学习和锻炼的重要能力。

3. 孩子的创造力：活动中可见铭铭独特的创意和想法，以及他愿意尝试和创新的勇气。这种创造力是孩子们宝贵的财富，也是教育过程中需要重点培养和保护的。

4. 倾听与尊重：在整个过程中，老师始终耐心倾听铭铭的想法和困惑，尊重他的创意和尝试。通过倾听，老师能够深入了解铭铭的思考过程，从而提供更有针对性的指导。

5. 引导与启发：当铭铭遇到问题时，老师并没有直接告诉他答案，而是通过引导和启发的方式，让他自己找到行为和结果之间可能存在的因果关系。这种方式有助于培养铭铭的独立思考和解决问题的能力。

6. 观察与反馈：老师在铭铭制作和试飞的过程中，仔细观察他的行为和表现，及时给予反馈和建议。这种反馈能够帮助铭铭及时发现并纠正问题，促进他的进步和成长。

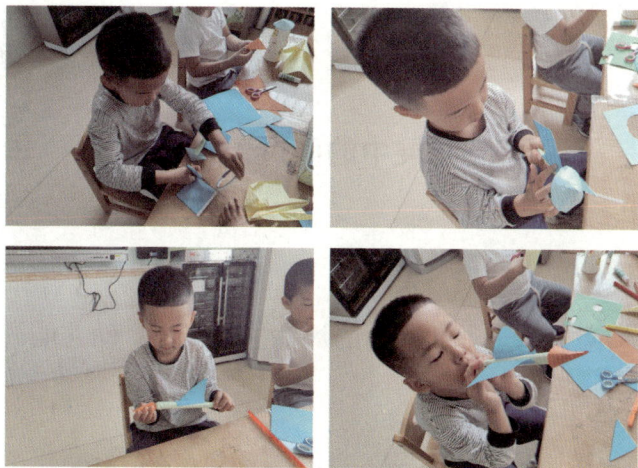

▶ 互动质量评估

1. 铭铭由有计划到受挫，再到调整计划，一直对这样的动手探索活动充满热情。

2. 铭铭的设计独特，他想将纸飞机做成火箭的形状，这显示了他丰富的想象力和创造力。他能够将日常事物与航天知识相结合，创造出具有个人特色的作品。

3. 老师使用的策略是延长铭铭实现用纸制作出"新型飞行器"的时间，不仅仅关注一次活动是否成功，而是将关注点放到对于结果的推测和验证上，为这一类互动积累了经验。

4. 通过此次活动，班级的教育资源得到了更好的利用，也激发了孩子们对于航天、科学等领域的兴趣，为后续的教育活动提供了更多的可能性。

（聊城市茌平区实验幼儿园 梁萌萌）

花展中的雨过天晴

视频二维码

▶ 案例背景

《评估指南》关于师幼互动的评估指标指出：幼儿能放心大胆地表达真实情绪和不同观点。

幼儿的每一个想法，每一丝情绪都有着十分重要的意义，教师要善于把握每一次偶然的机会，通过多种形式展开，拓展每位幼儿的学习。

芒果班主题制作活动正在进行中，一名幼儿因为没有得到分享的机会，心情很沮丧，老师安慰了他，并在活动结束后，在班级组织讨论，最终形成一些大家都比较认可的解决办法。

▶ 案例描述

制作活动开始，先是小朋友们分享自己上一次作品的环节，许多小朋友都积极挥舞着自己的小手，争先恐后地想要到大家的面前来分享自己的作品。溪溪最先举起了手，向大家分享自己的作品："大家好，今天我来给大家讲一讲我上次制作的向日葵。我用到了我们吃蛋挞剩下的壳来制作向日葵的花盘，它圆圆的，我用剪刀把它的旁边剪开，变成一条一条的，然后我用双面胶把它粘在一根木棍上，我的向日葵就完成了，谢谢大家。"

紧接着辰辰和暖暖也进行了分享，老师根据讲述过程和作品，梳理出小朋友们的不同制作方法，提议可以试试这些来自于同伴的经验，同时也可以有自己的想法和做法。

老师在巡视过程中，发现星星迟迟没有开始行动，脸上的表情也显得闷闷不乐，于是走过去进行了询问："星星，你是还没有决定今天要怎么做吗？还是缺少了哪些需要的材料？老师有什么可以帮助你的吗？"

星星犹豫了一下，张开了小嘴巴："老师，其实我是有点不开心，因为刚刚我很想和大家分享我的制作计划，一直举手，可你没有邀请我。"

了解到原因后，老师先是安抚了星星的情绪："星星，你发现了在分享环节邀请小朋友时有些问题，你想一想有哪些办法让更多的小朋友可以分享呢？制作结束后和小朋友们一起讨论，说说大家的看法。"

活动结束后的自由讨论时间，老师抛出星星引发的话题："每位小朋友都想分享自己的作品和计划，但是我们的时间不够，有什么方法可以给大家分享的机会呢？"

小朋友们踊跃举起了双手，开动脑筋，想着各种各样的解决方法。

晴晴说："让我们感觉最有意思的作品的作者来讲！"

嘉嘉说："我们'点兵点将'吧，点到谁谁就讲。"

甜甜说："我们可以抽签，抽到谁的学号，就请谁讲！"

伊伊说："我在家里也做了花，我讲给爸爸妈妈听了。"

……

大家都积极思考，大胆表述自己独特的想法，最终决定以多种方式进行分享，每次制作活动可以有三个小朋友进行作品分享，可以按学号顺序轮流进行，也可以通过抽签，还可以请小朋友们投票选出最感兴趣的作品，多种多样的方法可以给每个人分享的机会，在分享后也可以给小朋友一小段讨论的时间，让每个小朋友都有机会及时表达自己的想法。

随着小朋友们积极的讨论，星星脸上的"小小乌云"也渐渐散开，迎来了向日葵展区的"雨过天晴"。

▶ 案例分析

1. 通过老师与星星的互动，可以发现老师关注幼儿情绪，认真倾听幼儿想法，尊重幼儿选择。

2. 在讨论的环节中每位幼儿都能积极思考，踊跃参与讲述，幼儿在一日活动中是自信、从容的，能放心大胆地表达真实情绪和不同观点。

3. 在制作活动中，分享作品与制作计划是幼儿展开制作的一个至关重要的环节，这关系着幼儿后续制作活动的展开，因此要重视每位幼儿表达的意愿。

4. 在发现星星小朋友低落的情绪后，老师展开了关心与询问，幼儿敢于表达真实情绪，老师也对他进行了安慰与引导，并与大家积极讨论出了解决方法。

▶ **互动质量评估**

1. 星星在与老师交流询问的过程中，能放心大胆地表达真实情绪，是放松又舒适的状态。

2. 老师在活动过程中尊重并回应幼儿的想法，通过开放性提问、讨论等方式，与幼儿共同探索更好的问题解决方式。

3. 老师善于发现各种偶发的教育契机，借助幼儿积极分享的愿望与时间不足的矛盾，提出问题，引导幼儿思考并讨论，最终获得解决方法。

4. 一起解决问题是幼儿拓展学习的重要途径，幼儿也会因为找到了问题解决方法或者解决了问题而感到高兴和自豪。幼儿通过集体讨论的形式，以自己的力量解决了问题。

（石家庄市实验幼儿园　张雨桐）

微信扫码
- AI 教学助手
- 内容图谱
- 知识图卡
- 保育笔记

第二节　支持幼儿自主选择是有效互动的原则

在幼儿教育中，支持幼儿自主选择是尊重幼儿个体差异和兴趣的表现，自主选择意味着幼儿可以根据自己的兴趣、能力和需求，自由选择活动、材料、伙伴等。

支持幼儿自主选择，首先能够激发幼儿的主动性和积极性。当幼儿能够根据自己的意愿选择活动，他们会更加投入，更加专注，从而提高学习效果。其次，自主选择有助于培养幼儿的独立思考能力和决策能力。在选择的过程中，幼儿需要思考、比较、权衡，这些都是对他们思维能力的锻炼。最后，支持幼儿自主选择还能够促进师幼之间的有效互动。当教师尊重并支持幼儿的选择时，幼儿会感到被重视、被理解，从而更愿意与教师交流、分享，形成积极的互动关系。

变身吧！毛线"怪兽"

▶ 案例背景

《评估指南》关于师幼互动的评估指标指出：教师应支持幼儿自主选择游戏材料、同伴和玩法。

在花展三个展区中，出现了吸管、纸杯、黏土制作的花瓣儿，筷子、树枝、笔杆制作的花茎，这是怎么做到的呢？

萌萌从家里带了一些制作材料放在了班级的材料库。制作活动时，她又去了材料库中翻找，选自己喜欢的材料。根据制作计划，她今天选择的是一个自己带来的，已经坏掉的怪兽玩偶，她会用这个玩偶做花展中的什么呢？她会怎么做呢？

▶ 案例描述

"制作时间又到啦，小朋友们可以根据自己的制作计划去材料库选材料了。"老师说完，就看见萌萌小朋友像小火箭一样冲到了材料库，她弯着腰，低着头，努力地翻找着什么，很快她就拿出了她自己带来的"怪兽玩偶"。

　　萌萌如获至宝，将怪兽玩偶拿到了自己的座位，开始了"变身"工作。她拿着"怪兽"的绿毛线头发来回摆弄，不一会儿抻出了一段线头，左手四指并拢，将毛线缠绕在手掌上，当所有的毛线都绕完后，她左右看了看，带着手上的毛线走到了老师面前："张老师，你能帮帮我吗？我的'菊花'绕在手上，弄不下来了。"

　　"需要我怎么帮助你呢？是要把毛线拆开？还是将它们一起从手上取下来呢？"张老师问。

　　"就是把它们一起取下来。"萌萌说出自己的要求。

　　老师帮萌萌将手上一圈一圈毛线一起取了下来，看着取下来的毛线，老师好奇地问："萌萌，你这是要用很多毛线做什么呢？"

萌萌一脸认真地说："我在给怪兽变身，我把怪兽的长头发变成了菊花，我现在想再用一点'头发'做菊花的茎。"

"你拆下怪兽玩具上的'零件'来制作菊花，为什么选这些材料呢？"老师继续追问着。

"毛线一条一条的，像是菊花的花瓣，很多花瓣在一起，就是菊花的花朵。一条短一点的绿色的毛线和菊花的花茎颜色一样，也是细细长长的，所以我用毛线做了菊花。"

"哦，原来你发现毛线细细长长又很多，跟菊花花瓣有点像，绿色又跟花茎颜色差不多，你观察得真仔细。那你觉得'怪兽'身上的其他材料还可以做花展中什么东西呢？"

萌萌看着"怪兽"身上的毛线捏了捏，摸了摸说道："还可以做叶子、花蕊呀，我在外面见过用毛线做的花朵。这样做可以把我的'怪兽'变成一个新样子。"

"原来你是这样想的，那你可以继续尝试，可以试着用毛线做更多有关花展中的物品，丰富我们的展览。也可以试着用你能想到的其他材料做菊花。""听了你的介绍，我也想这样去找找材料呢。"

▶ **案例分析**

1. 通过张老师与萌萌的互动，可以发现老师始终认真倾听幼儿想法，尊重幼儿选择。

2. 主题制作活动要解决的是"做什么""用什么做""怎么做"这三个问题，从案例中能够看出萌萌有自己的想法，她想用已经不完整的"怪兽"进行制作，用毛线缠绕的方式做出很多菊花花瓣，赋予旧材料新生命。

3. 小班小朋友有时候在一个主题中做的事情看似与主题无关，萌萌明确自己要做花展中的菊花，说明她有比较清楚的制作计划，并且能够跟主题关联。

4. 我们可以看出，萌萌对缠绕毛线的方式是有生活经验的，之所以出现"问题"，是因为练习机会不够，动作生疏造成的，这是一个主动练手的有利动机。

5.教师在观察的基础上，采用让幼儿自己想出解决办法的方式开始互动，没有急于介入萌萌的活动过程。

6.教师表现出自己的兴趣和好奇，"请教"萌萌选择材料和做法的理由，同时也提出还能用同一种材料做其他部位（花）的问题，引发萌萌在使用已有材料上新的思考。

▶ 互动质量评估

1.萌萌在选择材料时是心中有目标的，翻找的过程不急不躁，情绪放松又愉悦，很享受翻找、确认的过程。

2.在选择材料时，可以看出萌萌有对旧物翻新的计划，她能看到旧材料身上的特点，并将特点沿用在新作品中。

3.张老师感觉这次互动之后，好像也轻松一些，观察其他互动对象的时间长了一些，不那么急于主动去为幼儿解决困难。

4.张老师与萌萌妈妈主动讲述了这件事，萌萌妈妈也向张老师讲了萌萌在家收集旧玩偶、废旧材料的事情。

（石家庄市实验幼儿园　王帆）

视频二维码

趣玩沙子

▶ 案例背景

《评估指南》关于师幼互动的评估指标指出：支持幼儿自主选择游戏同伴。

一沙一天地，一水一世界。喜欢玩沙是孩子们的天性，他们喜欢在沙水区拍拍、挖挖、堆堆、垒垒，通过铲沙、堆沙、漏沙的过程自由创作。让沙子在指尖流动，自由而无拘束，满足幼儿亲近自然的愿望。

常常能看到孩子们在沙池中专注地玩耍：有时一个人乐此不疲，有时几人合作搞"大工程"，有时玩着玩着就生成新的游戏场景，换了新的游戏角色。

▶ 案例描述

孩子们一进入沙池就沉迷其中，利用各种不同的工具、材料与沙、水互动，天马行空地进行着自己的创作。

一天上午，孩子们在沙水区游戏过程中，晓晓一个人在用绿色的海马模具玩沙子，她抓了几把沙子，把模具里填满、填平，倒扣到沙堆上，用手拿开模具，看到沙子没有成型，她没有放弃，她抬头看着别的小伙伴，发现没人关注她。她主动走到老师面前说："老师，你能帮帮我吗？这个沙子变不成海马，总是'洒'开，我不知道是怎么回事。"老师拉起她的小手："我也不知道呢，涵涵他们好像扣出了小鱼，我们去看看吧。"边说边陪她去看别的小朋友。一会儿，她好像自己发现了"秘密"，马上抓了几把湿沙子把模具里填满、填平，再倒扣到沙堆上，用手拿开模具看了看，只成型了一半，剩下的粘到模具里了。她又继续想办法，把干沙子和湿沙子混在一起试了又试，不断重复着把模具填满、填平，再倒扣到沙堆上，小心地用手把模具拿开……终于成型了，她笑了。

这时，涵涵过来说："晓晓，我们的海底世界有很多小鱼、螃蟹，你要让海马和它们一起玩吗？"

她愉快地加入了海洋馆的建设中，和好朋友们一起玩了起来，还不停地跟小伙伴讲着自己是怎么"扣"出一个又一个海马的。

可能是厨房里传来的饭菜香吸引了他们的注意力，很快，涵涵用碗填满沙子，倒扣到沙堆上，做成了许多圆形馒头。思文选用水杯填满沙子倒扣到沙上做成了许多糕点。他们三个人高兴地"啊呜啊呜"吃起自己的饭菜。

孩子们通过自己的想象，进行着各种建构。这些都是在生活中所获得的经验，他们能够把生活中的经验运用到自己的游戏中来。可见，这种低结构没有既定玩法的原材料，对孩子而言，有无限的发展可能。不仅让幼儿在玩沙游戏中获得动作发展和社会性发展，丰富认知经验，提高想象力和创造能力，对幼儿的身心发展也具有独特的价值。

▶ **案例分析**

1.在老师与幼儿的互动中，老师在幼儿主动求助时，通过陪同她观察同伴经验的方式，支持她寻找问题原因和解决办法，用她"自己发现、自己学习"的方式丰富玩沙经验。

2.幼儿以求助方式向老师发起更多的互动，说明她有相关的经验，这是一种解决问题的途径。

3.幼儿在有人邀约的情况下，自然地选择同伴，从独自游戏到合作游戏，根据自己游戏的主题，融入下一个游戏场景当中，说明幼儿有充足的自主选择同伴的机会。

▶ **互动质量评估**

1.晓晓与老师互动时，她将自己视为思考者，并能高兴地说出自己的思考结果，也愿意与同伴分享自己的发现。

2.晓晓垂头丧气时，老师耐心地安抚并逐步引导她，这使师幼之间的信任加深，让幼儿变得更有信心，放心、自主地进行探索。

3.这次互动，老师觉得幼儿在游戏时，更加放松、自在了，互动更有效果了。

（石家庄市实验幼儿园　杜娟）

微信扫码
● AI 教学助手
● 内容图谱
● 知识图卡
● 保育笔记

游戏 "导演" 之 ABC

视频二维码

▶ 案例背景

《评估指南》关于师幼互动的评估指标指出，认真观察幼儿在各类活动中的行为表现并做必要记录，根据一段时间的持续观察，对幼儿的发展情况和需要作出客观全面的分析，提供有针对性的支持。

最近，老师观察到班里的幼儿对积木有了一定的搭建经验，可以搭建出很多作品，有金字塔、城堡、火车轨道等。游戏前进行了讨论和构想，每一名幼儿的计划都是不同的，接下来，让我们一起追随幼儿的脚步，走进他们的搭建世界吧。

▶ 案例描述

进入活动区后，大家东摸摸、西看看，眼睛里闪烁着光芒。很快丁丁对沫沫说："我要用积木搭建一座城堡。"说完，他到积木区拿了几块方形积木放到地上，又跑回积木区继续拿取，重复多次。当积木数量足够多时，他开始搭建。用平铺垒高的方法把积木组合起来搭建城堡，边搭建边用"拳头锤子"进行敲打。就在丁丁敲打的同时，因为力气过大，城堡上层的积木开始摇摇晃晃，顶端的两块积木也掉落了下来。老师听到丁丁说："这是锤子，让城堡更结实。可是为什么锤得更不结实了呢？"老师边垒着另一座城堡，边自言自语说："我慢慢垒，垒完一层检查检查，看看是不是牢固，会不会晃动，然后再向上垒。"丁丁也试着用手轻轻碰一碰垒好的城堡，检查起来。

另一边，乐乐把好多长条积木拼接起来，平铺在地面上，布布看向乐乐问道："这是什么呀？"乐乐说："这是一张床。"

说着，乐乐就躺在了上面。布布看到也想躺下来，乐乐说："太窄了。"布布说："乐乐，我想和你一起躺下来，可以吗？"乐乐笑着回应："可以呀。"于是，布布也躺了下来。可是，床太窄了，两个小朋友躺在一起有点挤。乐乐想了想说道："我在家和妈妈睡的床很大。"布布说："我们再把床做得大一点儿吧。"教师走过来表示也想参与其中，问道："我也想和你们一起躺下来可以吗？"乐乐和布布大声回应着："可以呀，我们正在做一张很大很大的床。"

幼儿的游戏还在进行着：米宝搭了一座高高的酒店，邀请伙伴们和她一起入住；小奕搭了长长的马路，自己站在路口指挥交通；

小树用圆柱体的积木当作鞭炮，他模拟着过年放鞭炮的样子捂着耳朵，还欣喜地对大家说着大鞭炮和小鞭炮的不同燃放方式……每名幼儿都沉浸在自己的游戏中，演绎着不同的故事。

▶ 案例分析

1.通过教师与幼儿之间的互动，可以感受到教师使用的温暖、平静语调。在与幼儿交流时，全身心地关注着幼儿，真诚参与到他们的游戏中去。

2.丁丁在游戏中一边搭建，一边用"拳头锤子"进行敲打，这是因为他在生活中见到过相似的场景。当城堡有掉落的积木时，丁丁是有些沮丧的，教师及时参与进来，接纳并疏导丁丁的感受。

3.小树用积木当作鞭炮进行游戏，教师仔细进行了观察，发现大鞭炮和小鞭炮燃放时小树会发出不同的声音，说明他在生活中对鞭炮的燃放有过细致的观察。

4.每一名幼儿都在进行着自己的游戏，教师以游戏者的身份不断参与其中，保持着好奇心，接纳幼儿无限的可能性。

▶ 互动质量评估

1.游戏过程中，幼儿愉快地交谈着自己的做法，随着和教师之间关系的加深，他们似乎更加放松和舒适。

2.乐乐和布布搭建了很大的一张床，教师与幼儿一同躺下来，与他们的视线齐平，拉近了距离，幼儿更愿意将他们做的事、他们的感受与教师分享。

3.幼儿专注于自己的游戏，班级的整体氛围变得更加祥和，因为每个人都慢了下来，彼此建立了联系。

4.通过教师与幼儿之间互动的增加，每一名幼儿都与教师更加亲近，他们会更频繁地招呼教师，互相分享自己的日常故事。

5.班内的幼儿在游戏的过程中更放松、更自在了。

（石家庄市桥西区中山华府海棠苑幼儿园　杨月昆）

快来！这里要生宝宝啦

视频二维码

▶ 案例背景

《评估指南》关于师幼互动的评估指标中指出：教师应支持幼儿自主选择游戏材料、同伴和玩法。

娃娃家是小班小朋友最喜欢的一个区域游戏。丫丫和兜兜在这一天的游戏中扮演着妈妈和爸爸，"丫丫妈妈"即将生产，陪同在侧的"兜兜爸爸"急忙拨通电话，一场别开生面的"生宝宝"游戏即将开始，在这场生宝宝的游戏中，有哪些让人忍俊不禁的瞬间呢？让我们一起来看看吧……

▶ 案例描述

星期二的区域游戏中，丫丫和兜兜在娃娃家扮演妈妈和爸爸。"丫丫妈妈"的肚子隆起，"兜兜爸爸"搀扶着她在公园散步。只听丫丫说了一句："不好！宝宝要出生了！"兜兜伸出左手，用右手在左手手掌点了几下，"电话"接通，兜兜说："喂，是120吗？我的'老婆'要生了，你们赶快来吧……"

听到兜兜的呼救，在一旁正照着镜子梳妆打扮的好好放下手中的化妆品，就来到丫丫身旁："快，救护车来了（嘀嘟嘀嘟嘀嘟……），赶紧让这个孕妇上车，我们现在就去医院！""快点，医院到了，让她赶紧下来去生宝宝吧！"兜兜说："可是，这里没有医生呀？你们的医生都去哪儿了？"好好四处张望，自言自语道："医生都去哪儿了？怎么医生都不来呀？"嘉明听到后，放下手中的绘本，立刻来到娃娃家扮演起医生的角色，说："快点让她躺下，我要给她开刀做手术了！"只见嘉明扭过身体取出"手术刀"就要准备开刀了。这时，丫丫说："这样开刀会很疼的！"嘉明说："就得是这样开刀，我的妈妈就是这样的！快点，你的宝宝马上就要出来了！"兜兜说："不行啊，那太疼了，一会儿她还会流很多血的！"老师在旁边一边观察一边忍不住笑了出来，马上以"麻醉师"的身份出现，说："我是麻醉师，现在立刻给产妇麻醉，很快她就不会感觉到疼了！""来吧，先请您侧身，我要在你的背部脊柱上注射麻醉药物。"说完以后，老师假装用手比作注射器在她的背部开始麻醉。"好了，产妇现在已经被麻醉，没有感觉了，你现在可以手术了！"

丫丫瞬间闭上了眼睛，嘉明医生再次拿起他的手术刀在丫丫的肚子上划了一下，直接就把孩子取了出来，说："是个小女孩，还挺漂亮的！"然后，在小宝宝的屁股上拍了几下，说："这个孩子怎么不哭呢？是不是有问题？"见状在旁边的老师惊讶地问嘉明："为什么小孩子刚生下来都要哭？"嘉明说："我妈妈刚生了妹妹，妈妈说妹妹刚生下来就不哭，医生就拍妹妹的屁股，妹妹就哭了，哭了才说明正常。"老师惊奇地点了点头，立刻学着小婴儿的哭声哭了起来。旁边的小朋友都哈哈大笑了起来！

兜兜这时赶紧来到丫丫身旁说："你看你生了一个小女孩儿，我来给她喂奶吧！"兜兜抱起小宝宝，拿起奶瓶开始给宝宝喂奶，一边喂奶还一边说："哎呀，宝宝不要哭，是不是饿了？爸爸来给你喂奶了。"

▶ **案例分析**

1. 通过老师与娃娃家正在游戏的幼儿互动中可以发现，老师始终在认真观察倾听幼儿，尊重幼儿的选择和想法。

2. 小班幼儿思维具有直观行动性，丫丫和兜兜来到娃娃家看到躺在婴儿车里的宝宝就开始玩起生宝宝的游戏。在这场幼儿自发的游戏中，幼儿想象、自主能力得到发展，情感体验得到丰富提升。

3. 在观察倾听的基础上，教师及时以"麻醉师"的角色介入游戏，与幼儿开展语言和行动上的互动，依托情境，丰富幼儿的生活经验，探索问题发展，寻找解决办法，从角色职能变化中推动游戏发展。

4. 幼儿能够自主选择材料和玩伴进行游戏，但在生宝宝过程中细节经验出现了问题，是因为并未亲身经历，这是一个幼儿在与材料、同伴、真实情境互动中学习的良好契机。

5. 游戏结束后，教师和幼儿进行游戏小结，娃娃家小朋友对游戏进行了复盘再现。老师进一步提出了问题：生宝宝只有开刀一种方式吗？如果是开刀需要哪些步骤？宝宝生出来之后产妇和宝宝的护理都有哪些？还可以丰富哪些材料来支持游戏向更高水平发展？引发幼儿进一步思考。

▶▶ 互动质量评估

1. 幼儿在整个游戏过程中，情绪愉悦放松，角色投入专注，喜欢游戏，享受游戏。

2. 教师适时地介入游戏，通过材料、语言、肢体动作等方式与幼儿有效互动，既在情境中丰富幼儿生活经验，又推进游戏发展，这对于教师来说是一次成功的互动体验。

3. 通过与嘉明的互动，老师发现嘉明妈妈刚生了二孩，嘉明妈妈在家为他讲怀孕和生宝宝的过程，以及他耳濡目染妈妈如何照料宝宝。嘉明在家会学着妈妈的样子去照顾妹妹。

4.在与幼儿进行完小结与讨论后，幼儿自发地相继从家里带来了很多娃娃家的材料，丰富班级区域环境，为幼儿自主选择材料，自主进行游戏，丰富游戏玩法提供了保障。

（邯郸市第一幼儿园　齐琳琳）

第三节　持续观察幼儿行为是有效互动的前提

在幼儿教育中，持续观察幼儿行为是有效互动的前提。通过观察，教师可以深入了解幼儿的兴趣、需求、能力以及情感状态，从而更准确地把握教育时机，提供适宜的教育引导。

持续观察幼儿行为有助于教师全面了解幼儿的发展状况。每个幼儿都是独特的个体，他们在发展速度、兴趣爱好、性格特点等方面存在差异。通过观察，教师可以发现这些差异，为个别化教育提供依据。同时，观察还能帮助教师及时发现幼儿的问题和困难，以便给予及时帮助和指导。

此外，持续观察幼儿行为也是建立师幼信任关系的基础。当教师能够耐心、细致地观察幼儿时，幼儿会感受到教师的关爱和尊重，从而更愿意与教师亲近、交流。这种信任关系为有效互动提供了良好的心理基础。因此，教师在教育实践中应该注重对幼儿行为的持续观察，不断提高自己的观察能力和解读能力，以便更好地理解和支持幼儿的发展。

"杯"中有趣

视频二维码

▶ 案例背景

《评估指南》指出，认真观察幼儿在各类活动中的行为表现并做必要记录，根据一段时间的持续观察，对幼儿的发展情况和需要做出客观全面的分析，提供有针对性的支持。不急于介入或干扰幼儿的活动。

《评估指南》认为，要提供丰富适宜的游戏材料，支持幼儿探索、试错、重复行为。纸杯是幼儿在日常生活中经常见到的，也是低结构材料的一种。这学期孩子们从家带来大量的一次性纸杯投放到了建构区。纸杯在他们手中，可以搭建出各种东西，玩出多种玩法：纸杯一个套一个"这是我搭的高楼"；两个纸杯杯底垒在一起，"我搭的是金字塔"。雪糕棒放进纸杯里，"这是冰淇淋"。真的是创意无限。接下来，孩子们和纸杯又会碰撞出什么样的火花呢？我们一起来看一看吧！

▶ 案例描述

琪琪先拿一个纸杯倒扣在地上，依次拿了 7 个纸杯一个挨着一个倒扣在地上摆好，就这样第一层搭建好了。然后重复同样的动作，搭建第二层。在搭建第三层时中间放了一个高的纸杯，在搭建第四层时，纸杯总是掉落，他捡起掉落的纸杯慢慢地再把它放上去，通过不断尝试第四层搭建好了，但是纸杯歪歪扭扭。最后，在搭建第五层时纸杯却总是掉落。在区域分享交流环节，我先请琪琪进行游戏分享："我用纸杯搭建了高楼，纸杯轻，总是掉。"然后将琪琪纸杯搭建的视频投放到一体机上，进行了谈话："你们看到了什么？""按顺序排列起来的纸杯。""东倒西歪的纸杯。"我追问："第几层的纸杯东倒西歪呢？""为什么会东倒西歪呢？""小朋友仔细看，第三层纸杯有什么不一样？""有一个高的纸杯。"紧接着我又抛出问题："怎么才能将纸杯搭高呢？""要轻轻放。""纸杯有高有低，要放一样高度的纸杯，才不会东倒西歪。""接下来小朋友可以用我们讨论的方法试一试，看看谁搭的纸杯更高。"就这样，班级里掀起了纸杯搭建热潮。

接下来一段时间，琪琪经常驻足建构区。琪琪在搭建高楼时，用了同样高度的彩色纸杯，在放纸杯时动作会慢下来，当看到纸杯没有掉落时，他还会时不时拍手。但是还是会有纸杯不断地掉落，他会接着拿起纸杯再次搭建，经过多次掉落—捡起，不断探索，他会调整纸杯间的间距，将两个纸杯挨得近些。琪琪的高楼拔地而起，吸引了旁边的浩浩、炜炜、芃芃，于是，四个人一起进行纸杯搭建。这次他们开始从底部加宽，在第一层的两端各加纸杯，并以此往上增加纸杯。随着小朋友们的加入，搭建高楼的速度越来越快，但同时高楼倒塌的次数也增加了。看见高楼倒塌，他们会哈哈大笑，然后接着拿起纸杯再次搭建，琪琪会提醒大家："都轻点、慢点，要不高楼就倒了。"当看到浩浩放的两个纸杯间距离比较远时，他一边调整间距，一边说："要挨近点。"搭建作品完成后，琪琪说："老师，看我们搭的。"我说："哇！好高啊！你们搭的楼到底有几层啊？"四个人开始一层层数。我追问："你们搭的高楼能比浩浩的身高再高些吗？"琪琪说："能。我们下次肯定可以的。"在区域分享环节，我请琪琪进行了游戏分享："合作搭，会搭得更高。""纸杯要挨得近些。"我在建构区创设了"挑战墙"，当班级出现搭的最高的楼时，我会将孩子们和作品的照片粘贴到"挑战墙"上，激励他们不断挑战更高层。就这样，陆陆续续听到孩子们说："我们搭了 12 层。""14层。""琪琪都搭到 20 层了，好厉害。"

经过一段时间，孩子们搭建的高楼还只是一座。琪琪和芃芃跑过来跟我说："我们的高楼有 20 层高呢。"我抛出问题："你们的高楼我要从哪里进去呢？"两个人迟疑地看着我。我追问："我们生活中的高楼是什么样的？""我们幼儿园的高楼又是什么样的？"接下来，利用散步时间，我和孩子们在生活中观察幼儿园和小区的结构特征，了解到原来建筑物不仅仅只是一个或一座这么单一，而是由几部分组合的。同时我在建构区墙面上提供家、城堡和幼儿园建筑物图片，以及用纸杯搭建的简单物体的图片，就这样打开了她的思路。

后来琪琪开始用延长、围合基本技能建构高楼。芃芃和优优分别站在琪琪的左右两旁，他们各自垒好自己的墙，高高低低，错落有序。琪琪会用纸杯将三个人搭建的城墙连接起来，留出"大门"的距离，从这里走进走出。"老师，你可以从这里进入我们的高楼了。"有了成功的经验后，他们开始将高楼扩大，继续垒高。在琪琪的影响下，班里陆续出现用纸杯搭建的"洞""城堡"和长方形。

▶ 案例分析

1.琪琪持续选择纸杯搭建，可以看出他对于纸杯这个低结构材料有着浓厚的兴趣和探索欲，在好奇心的驱使下主动与材料发生互动，表现出较强的主动性。琪琪最开始在用纸杯搭建时，他意识到纸杯较轻，于是在搭建时轻拿轻放，但没有注意到纸杯的高低不一，容易导致纸杯倒塌，缺乏纸杯搭建技巧。

2.幼儿是天生的探索家，琪琪有着敢于探究和尝试学习的品质。在纸杯搭建过程中，琪琪不断通过观察、操作、持续探索，了解到用同样高度的纸杯，纸杯间距要紧凑，合作搭建能让纸杯搭建更高、更牢固。

3. 在搭建过程中琪琪是非常专注的，具有一定的观察力和空间感知能力。手部动作比较灵活，有较好的控制能力。在材料的选取与搭建顺序上是有思考和经验的。运用了平铺、垒高、围合等搭建技巧，同时在纸杯多次倒塌时，他所表现出的不怕困难、坚持性等可贵的学习品质。

4. 琪琪能接受小朋友们加入自己的游戏，由平行游戏转变为合作游戏，在高楼倒塌时，大胆向小朋友表达自己的想法，与同伴友好相处，合作完成高楼搭建。拍手的动作，哈哈大笑的声音，可以看出琪琪在纸杯搭建中的愉悦感和成就感。

5. 教师组织幼儿通过观察图片，进行比较，发现问题，从而找到纸杯倒塌原因，促使幼儿观察、比较、操作，学会发现问题、分析问题和解决问题。而及时请琪琪回顾搭建情况和经验，及时帮助幼儿概括和梳理经验，丰富幼儿纸杯搭建的认知经验，同时激发其他幼儿搭建的兴趣，将个体经验变成集体经验，实现经验的共享。

6. 环境是幼儿的第三位老师，儿童通过环境去探索和学习。教师通过创设挑战墙，激发幼儿积极主动地持续与材料相互作用，不断挑战更高层，从而促进幼儿经验螺旋上升。而通过图片的提供，引导其运用围合、架空进行造型的搭建，从而促进幼儿搭建水平的提升。

7.教师适当运用语言追问："第几层的纸杯东倒西歪呢？""为什么会东倒西歪呢？""小朋友仔细看，第三层纸杯有什么不一样？""怎么才能将纸杯搭高呢？"从而启发幼儿进行观察、思考、发现问题、积累纸杯搭建的更稳固的经验。"搭建的还可以比身高再高点吗？"通过语言激发幼儿继续垒高的兴趣，让幼儿在真实情境中通过点数解决楼层高度问题，从而感知生活中数学的有用。

▶ **互动质量评估**

1.琪琪从原来的无目的地自由搭建，到后面有主题的搭建；从开始的自己搭建到后面的合作搭建，从一个单一的造型到后面的组合造型，搭建得一次比一次精彩，一次比一次丰富。

2.及时将琪琪搭建视频跟琪琪妈妈进行分享，让琪琪妈妈了解孩子在园活动情况，同时家长反馈，幼儿在家会跟哥哥一起用纸杯搭建。

3.为了能更好地与幼儿进行高质量的互动，让幼儿自己会查阅资料，教师不断提供支持，促进琪琪持续提高对纸杯搭建的兴趣。

（邯郸市第三幼儿园　郭文娟）

隐形的翅膀

视频二维码

▶ 案例背景

《评估指南》中关于师幼互动的评估指标指出：重视幼儿通过绘画、讲述等方式对自己经历的游戏、阅读、图画书、观察等活动进行表达表征，教师能一对一倾听并真实记录幼儿的想法和体验。

游戏带给幼儿丰富和快乐的体验，自主游戏后的绘画表征是记录幼儿游戏的过程，生动直观的图画表征则将这些丰富的体验保存下来，促进幼儿思考、想象与创造。在持续性的活动中，表征是一个重要环节，有利于推动活动的开展。能提高幼儿的深度学习水平，促进幼儿思维能力、语言表达能力和理解能力的发展。

幼儿园利用前院宽敞、平整的场地作为孩子们的搭建区，投放了大量可以用于搭建的材料。充足的活动空间和多样的搭建材料让孩子们不受束缚、尽情游戏。游戏活动结束后，回到活动室，芊芊以绘画的方式，记录了自己搭建的马路场景，并在教师的引导下，分享了自己的游戏过程。

▶ 案例描述

芊芊一向很安静，经常一个人玩耍，户外活动时间，芊芊一直在观察其他小朋友的游戏。这样的状态持续一周之后，芊芊终于愿意自己尝试着搭建了。

　　芊芊从筐子里拿出很多泡沫砖，把它们一个挨一个地平铺在地面上。随后，芊芊又找来一些小的圆柱体，插在红色泡沫砖里面。教师在一旁安静地观察着，并没有上前打扰。

　　回到活动室，孩子们认真记录着自己刚刚的游戏故事，绘画结束后，老师请芊芊分享她的作品。芊芊眨巴眨巴眼睛，看看老师，又低下了头，并没有做出回应。

　　考虑到以往芊芊的表现，教师问道："芊芊，你画的这些连在一起的长方形是什么？"芊芊小声回答："这是马路。"老师说："刚才你把很多的泡沫红砖平铺在一起，代表了马路是吗？"芊芊点点头。

　　教师继续问："那你画的这些一条一条的竖线呢？"芊芊说："这

是栏杆。"教师惊奇于芊芊的解释："哇，原来这是马路中间的护栏，你在哪里见到过这些呢？"看到教师惊讶的反应，芊芊有了自信："妈妈带我过马路时告诉我的。""那画纸上还有一些圆点代表什么呢？""这是汽车，我不会画。"

当教师通过交流了解到这些信息后，便对芊芊说："你的作品可太酷啦，老师都没有发现这些泡沫砖还可以用来搭马路，你愿意和身边的小冉讲一讲你绘画的内容吗？"看到教师期待和鼓励的眼神，芊芊点点头，转身对小冉讲述自己的游戏过程。

离园时，教师向芊芊妈妈讲述了芊芊当日分享的过程，妈妈听后表现的有一些震惊。惊讶于芊芊对日常生活的观察，也惊讶于芊芊敢于讲述自己想法的勇气。

▶ 案例分析

1. 通过教师对芊芊的观察以及她们之间的对话可以看出，教师对芊芊的游戏和绘画表征很感兴趣，愿意更多地了解芊芊。

2. 最初芊芊不愿意表达，是因为她在入园之前社交过于单一，没有与同龄人互动的机会和氛围，于是教师表现出自己的兴趣和好奇，用具体语言和芊芊互动，降低分享难度，有目的地进行引导。

3. 芊芊的搭建过程和绘画表征都是与"马路"这一主题相关的，说明她有比较清晰的游戏计划，并按照计划进行着。

4. 教师表现出幼儿的期待与好奇，请芊芊讲出自己表征中的内容，并请芊芊与其他小朋友分享，对分享内容不断熟悉，帮助她做比较充足的准备，日后可以在集体面前分享。

▶ 互动质量评估

1.在教师的引导下，芊芊逐渐分享自己的游戏过程，变得更有信心，更愿意与教师和同伴进行交流。

2.有了这次与芊芊的互动经历，教师觉得和芊芊之间的距离又拉近了一步。其他时间，芊芊再次见到教师时，也会露出微笑。

3.芊芊妈妈在了解到事情的经过后，也降低了自己的焦虑，她很感激教师去倾听和引导芊芊，并请教如何鼓励芊芊。

4.教师感到自己的教学更有效了，因为有力的观察和引导使教师和幼儿之间建立了新的联系。

（石家庄市桥西区中山华府海棠苑幼儿园　王充）

微信扫码
● AI 教学助手
● 内容图谱
● 知识图卡
● 保育笔记

"对症下药"才起效

▶ 案例背景

《评估指南》关于师幼互动的评估指标指出：根据一段时间的持续观察，对幼儿的发展情况和需要做出客观全面的分析，提供有针对性的支持。游戏结束后，教师仍然可以发挥支持与引导的作用。游戏后的经验梳理与交流反思对幼儿游戏的支持价值，甚至超过教师在游戏过程中的介入。

最近，我们班自主游戏轮换区是传统体验区，有滚筒、空竹、跳绳、套圈、推铁环、抽陀螺、舞龙舞狮等传统游戏。9月份刚刚升入大班的时候，桐桐和轩轩两个小朋友可以独立站在滚筒上，简单走几步。经过一个月的练习孩子们的玩法五花八门：有的小朋友利用各种办法尝试站在滚筒上；有的钻到滚筒里面去就不出来了；有的小朋友把滚筒立起来尝试站上面或者骑在上面；有的小朋友把滚筒立起来当球篮筐进行投球游戏……孩子们玩得兴高采烈，可是到了交流分享环节经常有小朋友们默不作声……

▶ **案例描述**

以往的游戏分享桐桐和轩轩总是默不作声，一问就说我不会、我不知道。今天，很多小朋友在户外玩了滚筒，游戏后的分享环节孩子们围坐在一起，老师："桐桐说说自己玩滚筒的游戏经验和体验。"桐桐默不作声，满脸紧张得直搓手。于是老师又请轩轩说，轩轩说我不知道，并且眼睛转来转去地东张西望。

"你们两个是没听到、没听清、没听懂、没准备好？还是正在想自己应该怎么说？"老师问这两个小朋友。

桐桐说："我不知道什么是游戏经验和体验。"这时候老师意识到使用的词汇需要放入真实情境中"翻译"成他们理解的词汇。于是调整了语言："今天，老师看到你在滚筒上抖空竹，你是怎么做到的？"桐桐说："这段时间我不仅学会了走滚筒，还学会了抖空竹，我拿着空竹先在滚筒上站稳，然后我就能在滚筒上抖空竹了，目前我只站在滚筒上抖空竹，以后我还会边走滚筒边抖空竹。"桐桐边说边用录音器为自己录音。

老师对他竖起了大拇指："你创新了滚筒的玩法，明天再玩走滚筒的时候你可以把你的方法让其他小朋友试试。"桐桐愉快地连连点头。

轩轩听到桐桐的滚筒创新玩法努了努嘴，又不知道怎么说的样子。老师轻声询问轩轩："轩轩你也有创新玩法对不对？"轩轩点点头说："我没准备好怎么告诉大家。"平时轩轩特别喜欢画画，于是老师建议他可以把玩滚筒的好方法或者问题画出来。轩轩马上找来笔和纸，把他用几个滚筒连在一起铺上垫子、梯子、板子做坦克的玩法画了下来。

老师说："从你的画中我们看到了滚筒、垫子、梯子、板子，到底是怎么玩的呢？跟小朋友们说说吧。"

轩轩拿着他的画兴致勃勃地跟老师和小朋友讲起了滚筒与垫子、梯子、板子组合的创新玩法。

▶ **案例分析**

1.通过老师与两个小朋友的互动，可以发现老师在提问后能够持续观察幼儿的行为表情，并根据幼儿的年龄特点和实际兴趣爱好采取不同的支持策略。

2.教师关注幼儿年龄特点、注意个体差异。分享环节依据对幼儿的持续观察反思自己的提问方式，引导幼儿对自己经历过的游戏活动进行表达表征，幼儿自主用录音器记录自己的想法和体验。

3.我们可以看出，轩轩擅长绘画，教师能够结合幼儿爱好引导通过绘画的方式对自己经历过的游戏活动进行表达表征。

4.教师在观察基础上，采用聚焦游戏内容进行提问的方法引导幼儿介绍自己游戏后的经验。

5.案例中教师保持积极乐观愉快的情绪状态，以亲切和蔼、支持、鼓励、表扬性的态度和行为与幼儿互动。

▶ 互动质量评估

1.在交流分享环节，可以看出桐桐和轩轩两个小朋友在游戏的时候都有自己的创新玩法并通过老师的持续观察支持，能用自主的表达表征。

2.老师感觉这次互动表征后，要持续观察幼儿，依据幼儿的特点进行交流表征，"对症下药"才起效。

3.老师分别与桐桐妈妈和轩轩妈妈讲述了分享环节的事情，桐桐妈妈也向老师讲了桐桐在家也让妈妈买了一个滚筒，周末在家走滚筒的事情。轩轩妈妈说，他平时喜欢在家画画，每次画完画就拿着他的画滔滔不绝地说起来。

（北京市昌平区百善镇中心幼儿园　张津京）

总是倒下的滑梯

视频二维码

▶ 案例背景

《评估指南》关于师幼互动的评估指标指出：不急于介入或干扰幼儿的活动。

户外自主游戏，孩子们对于游戏怎么玩都有自己的想法，他们会自己调整游戏进度、游戏形式，在游戏当中遇到的困难他们也会积极探索，教师的介入要以不干扰幼儿的游戏为前提。

今天，孩子们讨论要用不同种类、不同材质、不同形状的积木搭建自己心中的滑梯，他们要怎样进行搭建呢？铭铭想要把两块长条形状的木质积木架起来搭成滑梯，可是尝试后发现积木立不起来，总是倒下……怎么做才能让滑梯搭建成功呢？

▶ 案例描述

户外游戏时间到了，孩子们从不同方向奔跑到积木区。只见铭铭来到积木柜前，迅速拿出两块长方形泡沫积木回到搭建区域。她把其中一块平放在地面，紧接着把第二块积木的一端搭了上去，另一端放于地面，滑梯很快"诞生"。

铭铭又拿来一块长方形积木从滑梯上面进行试滑。"滑得好慢呀！"她自言自语道。

铭铭看了一眼玩具柜，走过去搬来两块更长的木质积木，尝试把两块长积木的顶端贴合在一起搭成一个可以立起来的三角形滑梯，可是她一松手，积木就倒了。

再一次尝试，滑梯还是倒下了，铭铭叹了口气，自言自语道："怎么又倒了？"安安在一旁看到后，伸出小手想帮助铭铭把积木固定，但是也没有成功。

两个小家伙试了一次又一次，似乎始终没有解决让滑梯"站稳"的问题。

结束户外活动的音乐响起，铭铭不情愿地把积木放回玩具柜中，不时回头看一眼，一副很不甘心的样子。

回到教室后，老师组织孩子们进行游戏回顾、分享，铭铭却噘着小嘴，眼睛一直看着老师。

老师问她："铭铭，今天你在哪里做游戏？是怎么玩的？感觉怎么样？"

"老师，我用积木搭了滑梯，第一次成功了。后来我换了长木板，可是搭了三次都没有成功。"

"铭铭，你搭建滑梯的时候老师看到了。老师看到你试了好几种方法让第二个滑梯站稳，但是你的意思是换了更长一点的木板之后就不容易成功了，对吗？"

"对。"

"那我们一起来想想办法吧！"

于是，老师请小朋友一起观看刚才铭铭搭建滑梯的视频。

"铭铭第一次和第二次搭建的滑梯哪里不一样呢？"老师问。

"第二个滑梯高。"

"那为什么铭铭第二次搭建的滑梯没有站立起来呢？"

"滑梯太高所以没有站起。"雯雯说道。

"第二个滑梯下面太小了。"安安也举手回答道。

其他小朋友也纷纷附和。

"有什么办法可以让第二个更高一点的滑梯更稳呢？"

"再放一些玩具。"

"这个想法很棒！铭铭，明天你可以去找一些其他物品或者材料，看看能不能和你要搭建的滑梯组合起来，帮你固定住滑梯，好吗？"铭铭点点头。

第二天，铭铭从沙水区拿来几个小碗和杯子，把它们放在长方形积木的底部，想要固定住滑梯。可是她一松手，滑梯倒了。她站起来，往四周看了看，又走到玩具柜前，拿出几块积木比了比，挑选出两块最大的塑料积木回到刚才搭建的地方。

铭铭先把这两块积木分开摆放，中间留了一些空隙，然后竖起两块长方形积木，把它们的顶端贴合在一起，被架起积木的底部紧贴着已经摆放好的积木。铭铭松开手，发现这一次滑梯没有倒下。她笑着说："哇，我成功了！王老师，你快过来看！"

▶ 案例分析

1.教师"隐身"在幼儿身后，在持续的观察中捕捉幼儿的需要，在铭铭刚开始搭建滑梯失败后没有急于介入她的游戏活动。

2. 教师始终关注，但游戏中和分享时都没有直接给出"标准答案"，陪伴幼儿发现问题的核心是更换了材料，并鼓励幼儿自己寻找解决问题的方法。

3. 在第一次和第二次搭建过程中，铭铭在寻求和比较之后，能自主选择不同大小、不同材质的物品和材料。

4. 游戏结束后，教师进一步开展了搭建游戏分享活动，希望通过讨论，能帮助铭铭解决问题。

5. 我们可以看出，铭铭将自己对滑梯的已有经验迁移到自己的搭建活动中。

▶ 互动质量评估

1. 教师在铭铭搭建积木的过程中始终观察并记录，在幼儿因为第二次搭建滑梯"失败"情绪低落时老师能具体描述出幼儿的行为，帮助幼儿从只追求结果的成功转向对原因的分析和尝试。

2. 在铭铭第二次搭建滑梯失败时教师没有急于介入。在幼儿情绪低落时及时干预引导，引导幼儿表达，支持了幼儿社会性发展。

3. 教师在组织讨论活动时，没有直接给出解决办法，而是引发幼儿思考，促使幼儿自己寻找解决问题的办法。通过这种方式，幼儿在以后的活动中遇到类似情况，会主动而独立地投入活动中去，从而实现自己的设想。

4.老师与铭铭妈妈主动讲述了这件事，铭铭妈妈也向老师讲了铭铭在家喜欢搭积木的事情。

（石家庄市实验幼儿园　丁菲）

微信扫码

● AI 教学助手
● 内容图谱
● 知识图卡
● 保育笔记

第四节　认可多种表征方式是有效互动的关键

幼儿由于年龄和认知发展水平的限制，他们往往通过不同的方式来表达自己的思想和情感，这些方式可能包括语言、动作、绘画、音乐等多种形式。因此，教师如果能够认可并接纳幼儿的多种表征方式，就能更好地理解幼儿，与他们建立有效的互动关系。

认可多种表征方式有助于教师更全面地了解幼儿。幼儿的语言表达能力正在发展，他们正在学习和练习运用适宜的语言来描述自己的感受和需求，他们喜欢通过绘画、动作等方式来辅助表达。如果教师能够关注并理解这些非语言性的表征方式，就能更深入地了解幼儿的内心世界，为他们提供更贴心的支持和帮助。

同时，认可多种表征方式也有助于激发幼儿的创造力和想象力。当幼儿知道他们的多种表征方式都能得到教师的认可和尊重时，他们会更加愿意尝试新的表达方式，从而发展出更加丰富的创造力和想象力。

因此，教师在与幼儿互动时，应该保持开放的心态，接纳并尊重幼儿的多种表征方式，通过观察和解读这些表征方式来理解幼儿的需求和感受，与他们建立更加深入和有效的互动关系。

小小工程师的火车梦

▶ **案例背景**

《评估指南》关于师幼互动的评估指标指出：重视幼儿通过绘画、讲述等方式对自己经历过的游戏进行表达表征。

搭建游戏中，幼儿自然又主动地变换着游戏形式和角色：一会儿是设计师在观察思考，一会儿是建筑师在摆放，一会儿是乘客在体验……随着游戏情节的发展和需要，选择不同形状的积木。有人加入，有人退出，每个人都是自己游戏的主角，也是别人游戏的配角。

建构游戏刚开始，明明和思思两个人就有了明确的分工合作、搭建目标，这种有序的分工与合作提高了建构活动的效率。在搭建过程中出现积木倾斜的问题，通过"试错"对比的方式尝试解决问题，他们怎么做到的呢？

▶ **案例描述**

区域游戏时间一到，孩子们蜂拥着跑到了积木区，这时明明和思思想一起搭建火车轨道和火车，他俩分工合作，配合十分默契。

明明从积木箱里取了许多长方形的积木、木条，圆柱体。思思把圆柱摆成长长一条线，当轨道。将长方形的积木当车身，放在圆柱上，木条放在长方形的积木上当车座。

在搭建的过程中明明发现搭建好的车身部分，有几节车厢倾斜，他把倾斜的长方形的积木拿下来，换了两个长木条，结果还是倾斜，高低不平。明明用手比了比那几块积木，又把下面支撑的圆柱拿下来放在一起进行对比，结果发现圆柱的高低不同，一个高一个低。

明明拿着圆柱积木去找思思。思思拿过来圆柱积木对比后说："那我去找找一样高的圆柱再试试。"思思便去积木箱中找了起来，一个一个开始对比，找到了一样高的圆柱，把火车倾斜的部分搭建好了。

思思说道:"我们的火车在行驶中要变道了,要从直道变成 90度弯道。"这时,明明说:"你搭建的这个弯道太弯了,火车在行驶中总踩刹车,不然火车会冲出去的,太危险了!"

思思看了看自己搭建的火车轨道,也意识到了安全问题,便和明明商量怎么办,明明建议:"我们把弯道换成半圆的吧。"

思思感觉半圆的不好搭建,弧形的积木比圆柱的积木要矮,摆在一起矮一大截,思思和明明着急地说:"那怎么办呀?"

老师说:"用什么材料能让它们变成一个高度呢?"

明明看了看周围:"找到一些更高的圆柱试试吧!"可是找了半天也没有找到。

思思看了看周围的材料,灵机一动,她拿来了两个长短一样的薄木板垫到了弧形的积木下,现在的圆柱体和弧形积木就一样高了。

轨道达到一样高度,终于将直道变成了圆弧弯道。他们的火车和火车轨道搭建成功了。

游戏分享时,明明和思思把游戏过程"变成"了图画,看着图讲给小伙伴们听。思思十分开心地介绍起他们的作品："这是我们搭建好的火车和轨道，火车在直行道行驶中还可以变到弯道行驶。"

明明说："我听爸爸说过，火车不仅能钻山洞，还能爬山坡，还有许多条交叉的路线通往不同方向，到达旅行的地方。"

……

▶ 案例分析

1. 火车轨道搭建中，当幼儿发现作为支撑用的圆柱体高度不一样后，幼儿反复对比后并没有直接去找替换材料，而是和同伴商量，说明幼儿乐意和同伴一起商量解决问题。

2. 通过搭建火车轨道从直行道变拐弯道是思思自己的想法，证明他们两个人的合作不是一直持续的，当火车轨道出现问题后，两人又开始合作搭建，互相商量，听取对方的意见，这明显地体现出中班幼儿乐意与小伙伴一起玩并分享交流的年龄特点。

3. 在出现火车车身平整的新问题后，明明和思思展开讨论。两个小朋友愿意倾听别人的意见和想法，敢于尝试创造，在一次次实践中获得创新性的成功。

4. 教师在观察基础上，采用让幼儿自己想出解决办法的方式开始互动，没有急于介入幼儿的活动过程。

▶ **互动质量评估**

1. 明明有目的、有计划地从箱子里找到许多积木和思思一起搭建火车轨道和火车。

2. 明明搭建过程中发现火车倾斜的问题，是因为积木高度不一样。思思用对比积木高度的方法，来解决车厢倾斜的问题。

3. 幼儿将自己的亲身经历画出来，主动向同伴分享，借助画面，绘声绘色地介绍他们搭建火车的构思和搭建过程，是游戏经验的回溯和提升。

4. 教师在幼儿遇到困难时与幼儿建立联系，就势开展互动，以请教的形式提示幼儿问题的关键，积累了互动的经验。

（石家庄市实验幼儿园　李娜）

图画书的魔法：幼儿的绘画与讲述之旅

视频二维码

▶ **案例背景**

《评估指南》关于师幼互动的评估指标指出：重视幼儿通过绘画、讲述等方式对自己阅读的图画书进行表达表征。

在阅读区里出现了自制的"会说话的图书"，这是怎么回事呢？

"图书漂流活动"借阅周期结束时，童童从家里把绘本带回幼儿园，准备借新的绘本回家。区域活动时，童童跑到阅读区，拿起绘本开心地跳起来。

▶ **案例描述**

童童听到区域活动开始的音乐响了，就一溜烟到阅读区开始活动。

她拿起一本绘本高兴地跳起来说："就是这本，就是这本，我在

家看的就是这本，我给你们讲讲这个故事。"接着图书角就传来了童童讲故事的声音。

"这页故事不是这样讲的。"宁宁着急地说。

"我的故事就是这样讲的。"童童不服气地说。

老师听到了童童与宁宁争吵的声音，小声地说："你们发生了什么事情？需要我帮助吗？"

童童噘着小嘴认真地说："鸡妈妈看见小蛇肚子大大的，爬走了。"

"是小蛇把鸡妈妈的蛋吃到肚子里后爬走了。"宁宁理直气壮地说。

"哦，原来你们都发现故事中的人物小蛇和鸡妈妈，还看出小蛇的肚子鼓鼓的，你们观察得真仔细。小蛇细细的身体有个大大的肚子，肚子里到底是什么？你们猜测的都有道理，可以继续观察这页画面继续猜测，也可以翻看后面的内容验证一下，这些方法你们都可以试一试。"

童童和宁宁不再争论，饶有兴趣地看看这页，翻翻下页，边看边互相讲着……

阅读活动接近尾声，她们分别为小朋友讲述了一个自己的故事。

"你们是对这本图画书有着不同的理解，那么你们可以试着用自己的方式记录这页故事的内容吗？"老师继续追问着。

童童说："我可以把故事画下来。"

宁宁说："我也能把故事画下来。"

童童和宁宁画出了不同的故事情节，"原来你们是这样理解的，那后来小蛇和鸡妈妈发生了什么样的故事呢？你们可以用刚才的方式记录下来吗？"

于是出现了一批自制绘本图书。"我们需要把这些绘本放到哪里呢？"老师问。

"把它们放到阅读区。"童童高兴地说。

"要是小朋友借走这本书但是有些地方看不明白怎么办？画这个绘本的作者也已经回家了，那该怎么办呢？"

"把声音录下来吧！这样小朋友回家也能听故事！"宁宁兴奋地说。

就这样一本一本自制的"会说话的绘本书"就摆放在阅读区供小朋友选择。我们的"图书漂流活动"还在继续，会有越来越多的"会说话的绘本书"加入阅读区……

▶ 案例分析

1.幼儿在观察画面的基础上，由于生活经验不同，出现了两种解读画面的结果，老师对这种情况是支持的态度。

2. 从案例中能够看出童童和宁宁都有自己的想法，她们想用自己的方式将故事情节延伸下去，并且有将想法、推测运用绘画、讲述的方式进行记录、分享的需要和能力。

3. 童童和宁宁是有阅读经验的，之所以出现争论，是因为对故事情节中人物动作形态理解不同造成的，这是一个创编延伸故事的有利动机。

4. 教师表现出自己的兴趣和好奇，"请教"童童和宁宁，同时提出自制绘本看不明白的问题，引发幼儿在已有自制的绘本上有新的思考。

互动质量评估

1. 老师更愿意让幼儿展示自己对故事的理解，并且让他们按照自己的步调行事，这是对幼儿基于绘本阅读，不断进行"如何观察—推理—得出结论—进行验证"研究过程的支持，是与幼儿一起作为研究者采取的策略。

2. 老师在两个小朋友解读画面产生分歧时，没有做"对"和"错"的判断，而是具体描述出他们做到了什么，有助于幼儿将注意力重新集中到"阅读"这件事上。

3. 老师用引导的方式让童童和宁宁把接下来的故事情节用同样的方法记录下来，为幼儿提供能够满足他们的特定兴趣和具有挑战性的学习机会。

4. 童童妈妈在家听到童童说幼儿园有"会说的话绘本书"并向老师询问。

（石家庄市实验幼儿园　董博）

奇妙的熊猫乐园

视频二维码

▶ 案例背景

《评估指南》关于师幼互动的评估指标指出：重视幼儿通过绘画、讲述等方式对自己经历过的观察等活动进行表达表征。

动物园绘画作品架上，夹着许多幼儿的主题绘画作品，画面上记录了幼儿在动物园场馆"建设"中的想法和过程。熊猫馆的建设还在进行中，幼儿的绘画作品也随着场馆的"建设"，不断地作出相应的调整。

绘画活动时，诺诺与大家分享完作品后，将自己的作品夹在了作品架上。第二天诺诺又将一幅相似的画粘在了上一幅作品的下边，这两幅画有什么不一样？发生了什么有趣的故事呢？一起去看一看吧……

▶ 案例描述

绘画活动分享环节，抽签抽到了诺诺与大家分享她的作品，"大家好，我叫诺诺，我给大家分享的作品是《奇妙的熊猫乐园》，这个红色的、圆圆的是熊猫吃的苹果，正方形是熊猫馆的围栏……"

听完她的分享后，旭旭不解地问："熊猫乐园里没有玩具吗？我看到的熊猫馆有许多玩具呢。"

诺诺一脸认真地说："没有呀，妈妈带我去的熊猫馆里没有玩具。"

大家纷纷议论起来：

"我在绘本上也没看到过熊猫的玩具。"

"我在视频里看到过熊猫荡秋千，玩小球呢。"

"我在图片上也看到过熊猫玩小球。"

……

老师见状说道："通过你们的分享，我们知道了不同的熊猫馆里设施也不一样，有些有熊猫的玩具，有些没有熊猫的玩具，并且熊猫的玩具也是不一样的。我们可以继续通过图片、视频、绘本、实地观看等方式搜集资料，看看熊猫馆里可以有什么设施，这些设施有什么用处。"

大家开始有秩序地行动起来，只见诺诺先去盲盒中翻找图片，每张图片仔细查看后，又去翻阅绘本……

第二天，诺诺拿着一幅画走到了老师面前："老师，你看这幅画和昨天的画有什么不一样？"

老师仔细地查看着画面说道："画面的中间增加了一个圆圆的、棕色的轨道，轨道上还有一辆红色的小火车，上面有一只熊猫在坐着吃竹子。"

诺诺边指着画边说："我和妈妈一起搜集了好多熊猫馆的图片和视频，发现有的熊猫馆里有玩具，有的熊猫馆里没有玩具。熊猫的玩具各种各样，有秋千、城堡、火车……我又重新画了一幅画，给熊猫在场馆中间添加了一个圆形的火车玩具。"

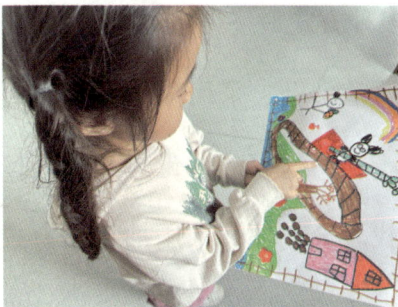

"为什么只添加了一个玩具呢？"老师继续追问。

诺诺思考了一番："嗯……因为这个熊猫馆的场地很小，只能放这一个火车玩具了。"

说完她便拿着新的作品夹在了作品架上，并小声嘀咕着："两个都是熊猫乐园，一个有玩具，一个没有玩具。"

▶ 案例分析

1. 主题绘画活动围绕"画什么？""怎么画？""为什么这样画？"这三个问题，从案例中能够看出诺诺有自己的想法，她想画熊猫馆，里面有熊猫馆基本的设施和食物，后又搜集资料发现其他熊猫馆还有玩具，她又画了一个有玩具的熊猫馆，将自己观察过的熊猫馆通过绘画的形式呈现出来。

2. 诺诺明确自己要画的是熊猫馆，说明她有比较清楚的绘画计划，并且能够跟主题关联。

3. 我们可以看出，诺诺对绘画内容是有相关经验的，之所以出现"争议"，是因为大家搜集资料的方式不同，看到的结果有所差异造成的，诺诺通过多种方式最终得出结论。

4.教师在观察的基础上，采用让幼儿自己通过多种形式搜集资料的方式，没有急于介入大家的讨论过程，直接告诉答案，而是耐心等待幼儿翻阅查找。分享环节采用抽签的方式，可以让每个幼儿都有均等的机会。

5.教师表现出自己的兴趣和好奇，采用具体描述法与幼儿描述两幅画的不同，"请教"诺诺只画一个玩具的理由，引发诺诺对场地大小、物品摆放的思考。

▶ 互动质量评估

1.诺诺与老师互动时，她将自己视为思考者，能够更轻松、更有能力地解释自己的思考过程。

2.从两幅作品中，可以看出诺诺有相关经验的积累，第二幅作品熊猫馆在原有的基础上又添加了新的设施。

3.老师能够给幼儿留出时间思考和回应，帮助幼儿解决问题，而不是替他们解决问题。

4.老师和诺诺妈妈认真倾听诺诺的想法，诺诺将自己做的事，自己的感受更多地表达出来。

（石家庄市实验幼儿园　李亚）

绘画之旅：从泪水到笑容

视频二维码

▶ 案例背景

《评估指南》关于师幼互动的评估指标指出：教师能一对一倾听并真实记录幼儿的想法和体验。

幼儿园小朋友的绘画作品往往是成人"一眼看不懂"的抽象作品。儿童画是幼儿结合自己的生活经验与活动体验，创设独属于自己的"文字系统"，画面更像是日记，用符号、线条、色彩记录着幼儿情感与生活。

在花展主题绘画中，孩子们各自描绘着喜欢的花展。开开没有拿起画笔，只是静静地坐着独自落泪。开开为何会流泪？他心中的花朵又是怎样的，让我们一起走进他的内心……

▶ 案例描述

绘画时间又来临了，教室里小朋友们都沉浸在自己的绘画世界中，老师的目光落在默默坐着的开开身上，只见他手里拿着画笔，对着自己画本一动不动，时而蹙着眉毛、时而东张西望，躲闪着老师的眼神，显得有些局促不安。老师意识到开开可能在绘画上遇到了困难。

老师走到开开身边，蹲下身轻声询问："开开，能告诉我发生什么了吗？你喜欢花展里的什么呢？你想怎么画呢？"开开抬头望着老师，带着哭腔说："姐姐每次看见我画的画都说一点儿也不像，我不知道怎么画向日葵。"

老师把手放到开开的后背轻轻抚摸，温柔地安慰他："哦，如果姐姐这样说我，我也会不知道怎么才能画得更像向日葵呢。"开开不太相信地睁大眼睛看着老师。

"开开，你为什么想画向日葵呢？是喜欢它的颜色？还是圆圆的花盘？或者是什么呢？"

开开想了想说："我喜欢向日葵的颜色，我喜欢黄色，好漂亮！"

"那就用黄色开始画吧，画向日葵的哪里呢？怎么画呢？"开开随即拿出黄色的水彩笔，画了一个圆。

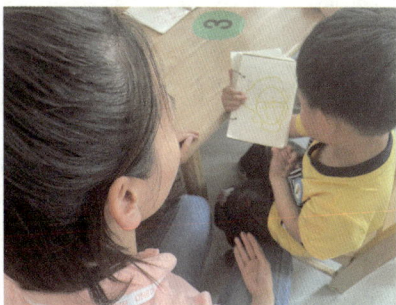

"让我猜猜吧，大大的、圆圆的黄色，应该不是绿色的花叶、长长直直的花茎，是……"张老师猜测。

"我看到的向日葵花盘是圆圆的，所以我先画了一个圆，然后我想在圆圆的外边画向日葵的花瓣。"开开一边说着，一边在描绘着。

完成作品后，开开高兴地向老师展示："老师，你看，这是我画的向日葵。"老师看着开开手中的作品，弯下腰，对开开说："我看到了，你想让小朋友猜猜你画的是什么吗？"

"黄色的花，是向日葵，牵牛花和桃花都不是黄色的。"

"花茎上只有一枝花，花茎直直的，应该是向日葵。"

……

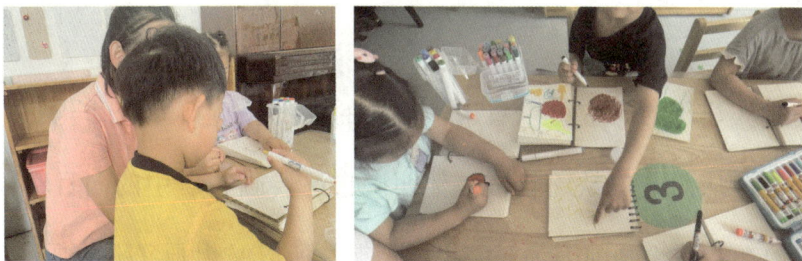

听到小伙伴们的猜测，开开的眼睛越来越亮，原来有这么多人

能看出他画的是什么。

"我注意到向日葵的花瓣是黄色的，我就用黄色的水彩笔先画了一个大圆，然后在圆圈的外边画上了花瓣，然后我又画了花茎。"开开也激动地分享着。

"小朋友们，开开用与向日葵相似的黄色、圆形等画出花盘，又用长长直直的双线条画出粗粗的花茎，一个花茎上画了一个大大的花盘，从这些地方都让我们猜出了他画的是向日葵。他这些用与实物相似的颜色、线条、数量、形状表现特征的方法，我们都可以试一试哦。"

▶ 案例分析

1. 通过老师与开开的互动，可以看出老师是在发现开开情绪低落、迟迟不能动手绘画的情况下，判断了他的情绪状态后，有准备地与开开建立联系，开展对话的。

2. 老师认同开开因姐姐的评价感到失落、受挫，感受到开开的情感需求，通过语言和肢体动作给予安慰和支持，进一步获取开开的信任。

3. 从开开的反应可以看出，他人的评价会直接影响幼儿的兴趣和信心，从而造成缺乏自信，他明确自己要画花展中的向日葵，然而，他在开始绘画前因为对结果没把握，所以又想画又不敢画。

4. 教师通过让他自己按照计划先进行第一步——选颜色开始，

充分自主选择画什么、怎么画、用什么画、画到什么程度。老师在这个过程中认真倾听、仔细观察，而不是直接告知。

5.开开完成作品后，老师借其他小朋友的经验，通过有根据地猜测，进一步帮助开开通过他人认同建立信心。

▶▶ 互动质量评估

1.开开虽然遇到困难，但在老师的耐心倾听和引导下，它能够表达自己的情感，勇敢面对挑战。

2.开开在互动过程中，情绪从沮丧到兴奋，关注点也从结果"像不像"到思考"哪里像、怎么更像"。

3.虽然开开不敢画是随机发生的，但在不同类型活动中，总会出现类似的情况，老师通过这次与开开的互动，总结提炼出互动策略，为今后更加有效地开展互动积累了经验，也体验到了成就感。

4.老师与家长及时分享了开开的情况，家长也不时与老师沟通家庭成员与开开互动的调整策略。

（石家庄市实验幼儿园　刘志蕾）

第五节 科学真诚支持是有效互动的保障

科学真诚地支持不仅体现在教师对幼儿学习活动的引导上，更体现在教师对幼儿情感需求的关注和满足上。

首先，教师科学真诚的支持意味着要根据幼儿的身心发展特点和学习规律，为他们提供适宜的教育环境和资源。这需要教师具备专业的教育知识和技能，能够准确判断幼儿的发展水平和学习需求，从而制订出符合幼儿实际的教育计划。

其次，教师真诚的情感投入也是有效互动不可或缺的因素。当教师以温暖、关爱、尊重的态度对待幼儿时，幼儿会感受到教师的善意和亲近感，从而更愿意与教师进行交流和互动。这种情感上的连接有助于建立起一种信任、和谐、安全的互动氛围，为幼儿的全面发展提供有力保障。

最后，教师在互动过程中还需要保持敏感性和灵活性，能够及时捕捉幼儿的兴趣点和问题点，给予及时反馈和指导。同时，教师要尊重幼儿的个体差异和独特性，避免用统一的标准来衡量和评价幼儿，而是要根据每个幼儿的特点和需求，提供个性化的教育支持。

旧料变"象"记

视频二维码

▶ **案例背景**

《评估指南》关于师幼互动的评估指标指出：教师善于发现各种偶发的教育契机，及时给予有效支持。

幼儿教师善于捕捉生活中的偶发教育契机，将其转化为教育机会。这种方式可以激发幼儿的好奇心和探索精神，还培养了他们的独立思考和问题解决能力，为未来的成长打下坚实基础。

"动物园"主题制作开始了，果果兴奋地准备用带来的废旧材料制作大象场馆里的大象。然而，制作的过程并不是一帆风顺的，果果身上发生了什么样的故事呢？

▶ **案例描述**

班级百宝箱打开了，果果挑选了一块较大的纸板，准备用它来制作大象的身体。她又找了一个塑料瓶，打算把它当作大象的鼻子。然而，当她试图把塑料瓶粘到纸板中间偏下的位置，却发现瓶子总是掉下来。

老师走过来问："我看到你试了又试，塑料瓶不容易粘贴到纸板上，你是怎么想的呢？"

果果回答道："可能是因为塑料瓶太滑了。"

老师又问道："怎么能让塑料瓶变得不那么光滑呢？"

果果若有所思地看着瓶子。两天后，诺诺在一次晨间播报时，介绍了自己用白色毛线缠绕纸盒固定在纸板上当作天鹅长长的脖子，果果像是发现了新大陆。

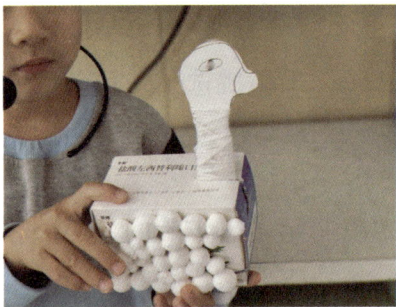

第四周的自主制作活动中，果果也找来了绳子，仔细地将其缠绕在塑料瓶上。然后，她再次尝试将瓶子粘到纸板上。这次，瓶子稳稳地粘住了。

但是，新的问题又出现了。果果发现使用塑料瓶作为大象的鼻子，似乎长度和形状不太协调。她想要换一种材料，但是大象的鼻子应该选择哪种材料更合适呢？

第一次，她想到了使用柔软的布料来包裹塑料瓶，可是，布料的鼻子太软了，鼻子是下垂的。

第二次，她尝试了用吸管弯曲成鼻子的形状，虽然这次看起来更像了，但吸管中间镂空，无法与纸板很好地连接。

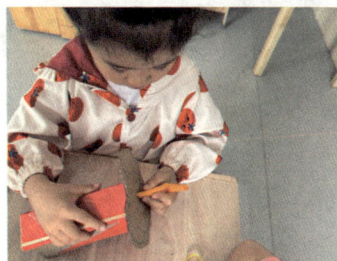

......

第六次自主制作活动之后，果果又尝试了一种新的方法。她想到了用黏土来塑造鼻子，因为黏土可以随意塑形，而且干燥后会变硬。然而，当果果把黏土鼻子粘在纸板大象上时，却发现黏土鼻子太容易碎了，稍微一碰就会掉下来。

自主制作活动中，果果依旧在班级百宝箱里寻找合适的材料，翻找了很多废旧材料，有了前几次尝试的经验后，她把目标放到了废旧报纸上，她先将报纸卷成管状，用胶水固定形状。接着，她按照大象鼻子的弯曲度来调整报纸管的形状，终于制作出了自己满意的鼻子！

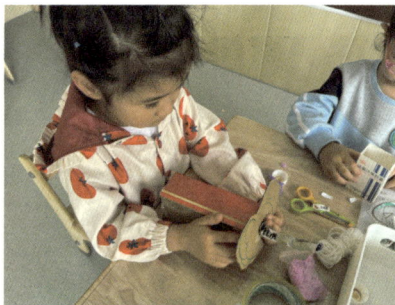

▶ **案例分析**

1. 观察与问题解决：果果在制作过程中遇到塑料瓶无法牢固粘合的问题时，通过观察和思考，发现了塑料瓶光滑表面是导致粘合不牢固的原因，并采取了在瓶子上缠绕绳子的方法来增加摩擦力，从而成功地解决了这个问题。这表明果果具有较好的观察力和分析问题的能力。

2. 创造性与实践：在制作大象鼻子的过程中，果果尝试了多种材料和方法，包括布料、吸管和报纸，最终通过报纸卷成管状并弯曲的方式，制作出了满意的大象鼻子。这个过程展示了果果的坚持性和不断尝试的勇气，同时体现了她的创造力和动手能力。

3. 教师引导与支持：老师在果果遇到困难时，没有直接给出答案，而是通过及时给予有效支持的方式，引导果果自己发现问题、解决问题。这种支持方式有利于培养果果的独立思考和创新能力。

4. 情感态度与价值观念：果果在面对困难时，没有轻易放弃，而是积极寻找解决方案，体现了她坚持不懈、勇于探索的精神

5. 自我反思与改进：在制作过程中，果果不断尝试和调整，最终成功制作出了满意的大象鼻子，体现了她的自我反思和改进能力。

▶ **互动质量评估**

1. 引导幼儿将自己视为思考者：果果在整个制作过程中展现出了积极的思考态度。面对塑料瓶粘贴困难的问题，她没有放弃，而

是开始寻找解决方案。在尝试多种材料后，她最终成功用报纸制作出了大象的鼻子。这表明果果能够主动思考，将自己视为解决问题的思考者。

2. 对幼儿的好奇做出回应：从果果持续尝试和寻找新材料的行为可以看出，她的好奇心和探索欲望得到了满足。老师通过提问："你知道怎么……？"支持并引导果果积极思考如何让塑料瓶变得不那么光滑，这也在一定程度上回应了果果的好奇心。

3. 采用镜像对话：果果在思考如何将塑料瓶与纸板粘连时，老师没有直接告诉果果答案，而是通过提问让她自己发现问题的根本。老师进一步提问道："那你知道怎么能让塑料瓶变得不那么光滑吗？"老师进一步推动了幼儿发现并思考有挑战性的问题。

4. 开展对话：在果果制作大象的过程中，老师与她进行了积极的对话。这些对话不仅帮助果果分析问题所在，还引导她思考如何解决问题。通过对话，果果能够表达自己的想法和困惑，并从老师那里获得启发和指导。这种对话有助于促进果果的语言表达能力和逻辑思维能力的发展。

（石家庄市实验幼儿园　张琳曼）

火眼金睛辨大小

视频二维码

▶ **案例背景**

《评估指南》关于师幼互动的评估指标指出：教师应能抓住活动中幼儿感兴趣或有意义的问题和情境，及时给予有效支持。

幼儿关注的焦点是探索学习的原动力，抓住幼儿的兴趣，提供一个交流、探索、验证的平台，使他们从无意识的被动学习者转化为主动的探索者，才能帮助他们更好地内化、创作、表现。

小班小朋友参观了中班小朋友制作的动物园场馆。壮壮发现场馆里的鳄鱼比大象做得大，不符合他在真实的动物园看到的大小比例，教师认真倾听了幼儿问题并帮助幼儿解决疑惑。

▶ **案例描述**

在教师的帮助下，小朋友们找到了两位中班的小作者，并向他们提出了自己的疑问。壮壮问："为什么你把大象做得这么小呢？"大象的作者回答："我先做的大象馆，要是把大象做大了，它的活动空间就小了。"壮壮又问："为什么你做的鳄鱼比大象还大呢？"鳄鱼的作者回答："我制作的时候用的彩纸是这么大的，所以我就把鳄鱼做这么大了。"

教师也向两位小朋友提出问题："你们是一起制作的鳄鱼和大象吗？"两位小作者摇摇头，鳄鱼的作者说："我做我的，她做她的，做完以后我们都放进了这个展区。"教师又问："你们不是在一块制作的，你不知道她做的什么做得多大，她也不知道你做的什么做得多大，是这样吗？"两位小作者点点头。教师向小班小朋友解释说："他们制作鳄鱼和大象时并不知道对方会做多大，所以出现了大象比鳄鱼小的情况。"

小班小朋友回到自己班后，在花展作品展区继续讨论。锦锦跟月月说："你的牵牛花比我的向日葵还大呢，你应该把花做小一些。"月月回答说："这是我要带回家的，我不放进展馆里面，我想做多大就做多大。"教师观察到小朋友们正在关注本班花展中植物的大小，于是和小朋友们一起讨论并产生新话题：构建展馆时，我们制作的不同植物之间需要符合实物的大小比例吗？比如制作的向日葵应该比牵牛花大吗？有的小朋友认为我们制作的作品应该符合生活经验中的大小比例，有的小朋友认为制作的作品只需要考虑它本身的比例，不需要考虑他人作品的大小。

小朋友们发起了投票，认为应该符合实物大小关系的票数最多。教师根据投票结果向小朋友们提出了问题："小朋友都在为构建花展制作不同的植物、设施等，我们怎样才可以将一个展区内的植物、设施做成符合现实大小比例呢？"邦邦说："我们可以轮流做，一个人做完了，下一个人根据他的作品的大小再制作。"小宇说："我们制作的时候可以先商量好做多大，再分别制作，要不然一个一个做太慢了。"熙熙说："我们可以做得跟真花一样大，这样就不用商量也能做对了。"教师认真听小朋友回答并用图示的方法记录下来，总结归纳了三位小朋友的办法，并请其他幼儿尝试这几种做法，探索得到更多的解决办法。

▶ **案例分析**

1.教师在听到壮壮的疑问时，认真思考并回应幼儿，帮助壮壮找到两件作品的作者解决疑问。

2.教师在班内听到幼儿还在继续讨论相关内容后，发现小朋友关注的问题，抓住教育时机，与幼儿共同讨论解决问题。

3.教师在请幼儿分享解决办法时，始终认真倾听，并用幼儿能看懂的图示做记录。小朋友们分享办法后，教师没有说哪个办法好，哪个办法不好，而是请小朋友们自己尝试。

4.在串班活动中，可以发现壮壮能认真观察他人的作品并大胆提出疑问。

5.在讨论解决办法过程中，幼儿能根据问题动脑，结合生活经验提出解决办法。

▶ **互动质量评估**

1.幼儿在制作过程中，班级氛围活跃，大部分幼儿能关注到作品的特征，并有意识地与他人讨论、调整作品的大小。

2.教师继续观察幼儿的制作活动，关注幼儿发现的新问题：不同的场馆之间还需符合实际的大小比例吗？与幼儿共同讨论，支持活动持续展开。

3.幼儿在集体活动之后，将已有的经验、获取的经验，联系自己的生活，有提炼和迁移，开展有创造的延伸活动。

4.有的家长向教师反映，幼儿在离园回家途中会观察路边植物，有时还会与家长一起讨论植物的特征。

（石家庄市实验幼儿园　陆兴远）

微信扫码

● AI 教学助手
● 内容图谱
● 知识图卡
● 保育笔记

此鹅非彼鹅

视频二维码

▶ **案例背景**

《评估指南》关于师幼互动的评估指标指出：能识别幼儿以新的方式主动学习，及时给予有效支持。

本月区域主题是动物园，教师在科学区投放了很多动物的图片和生活的场景，同时通过视频让幼儿来了解动物的生活习性。欢欢特别喜欢动物，平时就对动物有很多研究，今天她还从家带来了很多动物模型，想要分享给小朋友们。让我们一起来看看她在活动中的情况吧！

▶ **案例描述**

区域活动时间，欢欢迫不及待地来到科学区，想要将自己带来的动物模型分享给小朋友们，不一会儿周围就聚集了几个小朋友，他们开始热烈地讨论起了这些动物。

洗手环节，欢欢和一一还在讨论着，只听她们说起了天鹅和大鹅的区别，两人边说还边用身体演示。

一会儿，两个小朋友就走了过来："老师，你说天鹅和大鹅一样吗？"欢欢问道。

"你们认为它们一样吗？"老师反问道。

"不一样。"欢欢抢答道。

"为什么你认为天鹅和大鹅不一样？能告诉我你的理由吗？"

"天鹅能飞，大鹅太胖了飞不起来。它们的姿势不一样，天鹅可美了，大鹅走起路来笨笨的。"欢欢边说边用身体比划着，还学大鹅走路，样子认真又可爱。

老师引导她们找出来天鹅和大鹅的图片："现在再看看天鹅和大鹅有什么不同。"

这时——通过仔细观察也发现了它们之间的区别："天鹅的脖子

更长，翅膀也更大。"

老师继续引导："你们觉得天鹅和大鹅的生活习性有哪些相似之处和不同之处？"

"它们都喜欢水，喜欢在水里游来游去，但是天鹅还能在天上飞，大鹅只能在陆地上跑。"

"如果我们想知道天鹅和大鹅的具体区别，你们觉得我们应该怎么做呢？"

这时两位小朋友陷入了思考，欢欢说道："老师，我家里有动物百科全书，我回家可以从那上边去查。""我可以让我爸爸从电脑上帮我找天鹅和大鹅的视频来看。"——也想出了办法。

老师肯定了她们的解决办法，并鼓励小朋友们将这些素材带来幼儿园一起分享："如果让你们设计一个新的动物园展区来展示天鹅和大鹅，你们会怎么设计才能让游客更容易区分它们？"带着问题，小朋友们开始商讨如何搜集材料进行展示。

▶ 案例分析

1.通过老师与两位幼儿的互动对话，可以发现老师始终认真倾听，并鼓励幼儿自由表达自己的想法。

2.老师在提问时没有打断幼儿的自然对话，而是在幼儿谈论的间隙或结束时提出。

3.中班幼儿有了一定的生活经验和知识储备，只是缺乏对比性思考和总结，老师通过横向对比的提问，引导幼儿自己做出总结。

4.老师在提问后，给予幼儿足够的时间来思考和回答，并没有急于给出答案或评价。

5.老师通过抛出问题，让幼儿自主选择解决问题的方式，同时通过新的展区展示，让幼儿将心中所想落到实物上，经验转化为行动。

▶ 互动质量评估

1.幼儿在整个讨论环节认真观察并思考，说明幼儿对于动物的特点和区别有着浓厚的兴趣和好奇心。幼儿在日常生活中能够主动寻找学习的机会，并将所学知识与现实生活相联系，这是一种积极的主动学习行为。

2.在讨论中，两名幼儿能够清晰地表达自己的观点，使用了丰富的词汇和生动的描述。同时幼儿能够倾听对方的观点，并做出适当的回应，展现了良好的沟通技巧。

3.在面对幼儿讨论时，教师保持了应有的观察和倾听的态度，了解他们的兴趣和关注点。通过观察幼儿的行为和倾听他们的讨论，教师可以更好地了解幼儿的学习需求和兴趣点，从而为他们提供更有针对性的支持。

4. 教师及时向家长反馈了这件事，家长也讲述了如何与幼儿一起在家搜集素材的情况。

（石家庄市桥西区童星幼儿园　刘琳）

第六节　开放性提问、推测、
讨论是有效互动的拓展

在幼儿教育中，开放性提问、推测和讨论能够进一步激发幼儿的思维活力，促进师幼之间的深度交流。

开放性提问是引导幼儿进行深入思考的有效手段。与封闭性问题相比，开放性问题没有固定的答案，能够鼓励幼儿从多个角度进行思考，激发他们的想象力和创造力。例如，教师可以问："你觉得这个故事为什么会这样发展？"或者"如果你是这个角色，你会怎么做？"这样的问题能够引导幼儿进行深入思考，表达自己的观点和想法。

推测是另一种拓展有效互动的方式。通过推测，教师可以引导幼儿根据已有信息进行合理想象和预测，培养他们的逻辑思维能力和问题解决能力。例如，在观察一幅图画时，教师可以引导幼儿推测图画中人物的动作、表情以及可能发生的故事情节，从而培养他们的观察力和想象力。

讨论则是有效互动的重要延伸。在讨论中，教师和幼儿可以围绕某个话题展开交流，分享彼此的观点和想法。通过讨论，幼儿可以学会倾听他人的意见，理解不同的观点，培养自己的沟通能力和合作精神。同时，讨论还能够拓宽幼儿的知识面，帮助他们了解更多的信息和观点。

微信扫码

- AI 教学助手
- 内容图谱
- 知识图卡
- 保育笔记

奇奇怪怪的设施

视频二维码

▶ **案例背景**

《评估指南》关于师幼互动的评估指标指出：尊重并回应幼儿的想法与问题。

在花展主题中，幼儿自主制作、布置三种花卉的展区，小班小朋友会只关注"花"吗？

制作花的过程中，孩子们发现展区中的花摆放有些混乱，让人看不出来到底是什么花的展区，还有的小朋友在欣赏花的时候，不小心把制作完成的花给碰掉了，这可怎么办呢？小朋友们与教师一起讨论了花展中除了花，还需要用到设施，设施可以有标识牌，知道是哪种花卉的展区，有提示牌提示爱护花，有栅栏围起来保护花。接着小朋友们开始自主制作了，制作过程中除了前面讨论出的设施，还出现了奇奇怪怪的设施，都是什么呢？为什么这么做呢？快走进我们的制作活动来解密吧！

▶ **案例描述**

"我们发现，为了让花展更有秩序，让游客看得更方便，需要标识牌、提示牌、栅栏等设施。我们仍然通过抽签的方式来请两位小朋友分享他们今天的制作计划，说一说今天想做什么花和设施，想用什么材料和工具做，怎么做。"

"我今天想做向日葵花和标识牌，我想用那个硬纸板还有胶带、画笔做。"牛宝说。

"我也想做向日葵，我还想做那个栅栏，我今天带废旧材料了，我计划用我带的废旧材料做。"阳阳说。

十几分钟过去，有的孩子拿着自己的作品放在展区，在摆的过程中有些小朋友觉得自己还没有做完，拿回座位继续制作，有的小朋友判断自己做完了，找到老师分享自己的作品。

"老师，我做完了，我做的是放在向日葵展区的标识牌。我不想做向日葵花了，我想再做一朵蝴蝶花。"牛宝拿着自己的作品给老师讲述。

"哦，你为什么不想做向日葵，想做蝴蝶花了呢？"老师问。

"因为我没有找到适合做向日葵的材料，我看见旁边萌萌做蝴蝶花，我也想做一朵蝴蝶花。"牛宝回答。

"你是根据材料特征来调整制作计划，就按照你想的那样做蝴蝶花吧。"老师看着牛宝微笑地说。

蕊儿放下一个小的透明盒，盒子的周围用粉色画满了大大小小的花，老师好奇地拿起这个盒子，有些猜不透到底是什么，问："嗯……你做的这是花展里的什么呢？"

"是灯，老师，旁边有小花儿。"蕊儿看着老师回答道，边说边用手指指着盒子上的小花儿给老师看。

"哦，这是一个小花灯，是吗？为什么做灯，是怎么做的呢？"老师更好奇了。

蕊儿看着自己制作的小花灯说道："天黑了，有灯能看见花展上的花，我是用画笔画上去的小花儿。"

"原来你是这样想的，所以你做的这个灯是让我们的花展在晚上也能让游客参观，是吗？"老师继续追问。

"对，我晚上去公园看过花，是花展需要用到的设施。"蕊儿开心地边说边点头。

老师对蕊儿说："谢谢你，让我们的花展在晚上还可以吸引游客。你制作的灯是花展中需要用到的设施，那你想把它放到哪个展区的哪个地方呢？自己把它放过去吧！"老师双手把蕊儿制作的小花灯轻轻地放在她手里，眼睛注视着她。只见蕊儿高高兴兴地拿着自己的作品"小花灯"走向蝴蝶花展区，小心翼翼地放在展区中间位置，她回头看了一眼老师，开心地回座位继续她的制作了……

▶ 案例分析

1.通过老师与幼儿的互动，可以发现老师始终认真倾听幼儿想法，接纳幼儿的经验与表达。

2.对于小班的孩子来说，主题制作活动遵循的是"我的制作我做主"，做什么、怎么做、用什么做都可以，支持、鼓励幼儿按自己的"理由"去做，这样才能让幼儿"敢做、想做"。

3.幼儿的思维以直觉行动思维为主，有时作品完成之后才判断自己做的是什么，需要边做边想。案例中牛宝刚开始的制作计划是做向日葵花和标识牌，做完标识牌后，他不想做向日葵了而是要做蝴蝶花。

4.我们可以看出，幼儿的想象力是独特的，老师尊重并回应了幼儿的想法，促进幼儿的想象力和发散思维的发展。

5.蕊儿想到天黑了需要开灯才能看见花，说明她是有生活经验的，将自己的制作活动与自己的已有经验进行了联系，并不是完全"天马行空"毫无根据地空想。

▶ 互动质量评估

1.幼儿在自主制作中，制作完成的作品主动向同伴和老师介绍，他们相信老师很愿意倾听他们的分享。

2.在老师与蕊儿的互动中，老师与蕊儿交谈，了解她的制作想法并耐心给予正面肯定地回应，蕊儿高兴地继续制作，老师的做法使幼儿感受到制作活动带来的乐趣，喜欢动手制作。

3.老师感觉制作活动中幼儿会做出一些我们成人想不到的设施，但是幼儿却都能说出自己制作想法和意图是与主题相关的，例如浩浩做了车，他说花展中的人太多了，距离有点远，可以坐着车去看。

4.幼儿的制作兴趣增加，主动把主题制作延伸到了家里，陆陆续续将在家里制作的花和设施带来幼儿园进行展示。

（石家庄市实验幼儿园　张贝贝）

百宝箱的"小管家"

▶ 案例背景

《评估指南》关于师幼互动的评估指标指出：教师通过开放性提问，支持和拓展每一个幼儿的学习。

制作活动时间到了，小朋友们人手一个小箱子，他们有的将箱子放在地上，有的将箱子放在桌子上，小手在箱子里面忙碌着，还拿起旁边的纸对照着，他们这是在做什么？

制作结束后响起了这样一段对话："这是谁的油画棒？菲菲是你掉的吗？""老师，这是谁的胶带？上面没有写学号！""老师，我的笔帽找不到了！"找东西的声音和问询的声音交织在一起，显然清点、整理好自己百宝箱中的物品对于小班小朋友来说是有难度的，围绕出现的问题，关于百宝箱物品的整理活动开始了……

▶ **案例描述**

　　小朋友们带着各自的百宝箱来到了讨论区，将百宝箱中的东西拿出来进行展示："帽子"不见的画笔、"离家出走"的油画棒、用"秃"的胶棒帽、粘住张不开的剪刀……

　　雯雯说："老师，我们的东西都找不到啦！""小朋友们想一想为什么百宝箱中的物品会不见了？有什么办法解决这个问题吗？"老师好奇地问道。

　　"因为有的小朋友在用完笔以后忘了盖土。"安安举起小手走到小朋友们面前回应道。"他的东西上面没有学号，他自己也不认识，可以在上面写上学号！"依依说道。

"你们已经想出了分辨每个人工具的办法、让工具不'分家'的办法，还有吗？我们还想知道。"老师问道。

"还可以在收百宝箱的时候看一看有没有落在桌子上的东西。"昊昊说。

小宇说："其他人看到小朋友落了东西要提醒他。"

"可以把百宝箱里的东西都画出来，贴在箱子上，收的时候看，点名检查！"安安补充道。

"小朋友们想到可以通过标记学号来区分每个人的工具，还想到整理时检查物品是否齐全，大家可以在接下来的时间试一试，看看自己的物品是不是都出现在百宝箱里了。"老师总结道。

接下来的几天里，有了以上方法的介入，小朋友们收百宝箱时找东西的声音渐渐少了，可是新的问题出现了——制作过程中小朋友翻找物品的声音响亮了。

老师轻声询问发出声响的小朋友："铭铭，我听到你发出了晃啷晃啷的声音，是遇到什么问题了吗？""我在找东西，找不到！"

老师发现"翻箱倒柜"的可不止一个人，于是在集体讨论环节开始向"小智囊团"征集"妙招儿"："小朋友们，你们有什么好办法帮助铭铭解决找不到东西的问题呢？"

睿睿："少放一点儿，多的拿出来。"

妍妍："一个挨一个在上面放，大的放下面，小的放上面，把百宝箱里面的物品排列整齐。"

诚诚："让它们在箱子里站起来，竖着放。"

昊昊："喜欢用的放在上面，不用的放下面。"

晚晚："每次用完以后都把百宝箱里的东西放回原来的位置！"

"小朋友们提出可以将物品按大小摆放、竖放，或者按喜好摆放、及时整理等方法来解决找不到物品的问题，大家可以在每次收百宝箱时按照以上方法对物品进行整理。"

▶ 案例分析

1.通过老师与小朋友之间的互动，可以发现老师在观察小朋友使用百宝箱时出现的"丢和乱"的问题，但是没有主动解决所有的问题，而是用开放性的问题，引导幼儿主动分享自己的经验，形成一系列解决策略。

2.百宝箱的活动包含"如何管好自己的物品""如何快速选取我需要的东西（物品的整理）"这两类问题，从案例中可以看出，小朋友们对于以上两类问题有经验，将之前的经验同百宝箱整理相联系，做到了经验的迁移。

3. 小朋友们提出可以通过列出百宝箱中的物品清单，和实际物品相对应检核的方法体现幼儿具备检核的相关经验。

4. 老师没有重复小朋友们的话，而是认真倾听后使用总结性的语言进行梳理与描述，这样不仅是对幼儿零散经验的梳理与提升，也是语言表达形式的示范。因为始终遵循"提出问题—幼儿表达—归类总结"的方式，所以不是空洞地说教，这些方法来源于儿童真实经验，更易于认可与理解。

▶ 互动质量评估

1. 在遇到问题时，老师观察在先，接着选择集体讨论的形式向幼儿求助，使问题个性化："你们有什么好办法？"引导幼儿链接已有经验，在尚未得到回应的时间里耐心等待，接纳幼儿的各种回应。

2. 班级互动环境宽松，小朋友们在其中围绕问题认真思考与表达，他们在讨论的过程中积极分享自己的经验，彼此间建立了如何整理齐全百宝箱中物品的联系。

3. 教师利用观察到的信息来引导幼儿解决"找不到东西"的问题，不像以往那样不由自主地频繁使用教学语言，而是有意识地调整语言向幼儿求助，适合小朋友们的需求。

4. 教师采用镜像对话，关注幼儿的言行并反馈给他们。在小朋友们帮助解决"物品消失不见"的问题时，教师倾听幼儿的对话并进行总结，同时抛出还有其他方法鼓励其他幼儿参与进来。在幼儿发出"晃啷"声音时，教师提到"我听到你发出晃啷的声音，是遇到什么问题了吗？"说明教师关注到幼儿动作并将其通过语言反馈给幼儿。

（石家庄市实验幼儿园　成姗姗）

微信扫码
AI 教学助手
内容图谱
知识图卡
保育笔记

"柯南"神探上线

视频二维码

▶ **案例背景**

《评估指南》关于师幼互动的评估指标指出：通过开放性推测，支持和拓展每一个幼儿的学习。

动物园主题中，有幼儿认为狮子和猴子可以放在同一个场馆中，也有其他幼儿认为不可以，还有人认为这个问题很有意思，可以看看它们谁能斗过谁。所有幼儿都在对能不能把狮子和猴子放在一个场馆中进行推测……

在动物园主题中，小朋友们认识了各种动物，小川的一次发言引起了孩子们的有关推测，这究竟发生了什么事情呢？

▶ **案例描述**

"小朋友们，动物园那么大，动物那么多，它们都是生活在一起的吗？"在一次动物园主题活动中，老师问。

琳玉举手回答说："管理员可以把相同种类的动物放在一起。"

佳佳说："可以把老虎和老虎放在一起，狮子和狮子放在一起，猴子和猴子放在一起。"

老师回应说："琳玉和佳佳小朋友都是根据种类来为动物分配场馆，那还有其他办法吗？"

芳芳问："老师，不同的动物能不能放在一起？"

老师说："有可能，那你觉得不同的动物是什么呢？"

芳芳说："那我还没想好。"

老师说："其他小朋友有什么看法？"

小川欲言又止，老师见状询问他："小川，你是没想好，还是有其他想法？"

小川微声说："老师，我……在电视上看到过把狮子和……猴子……放在一起。"

丁丁说："我看到过，狗妈妈给小老虎喂奶吃，它们能生活在一起，我觉得狮子和猴子可能也行。"

"小朋友们，你们认为可以把狮子和猴子放在一起吗？为什么可以？为什么不可以？"

琳玉举手反驳："肯定不行，狮子那么厉害，会欺负猴子的。"

坐在琳玉旁边的米奥说："我和妈妈在动物园看演出时，猴子特别爱挑衅，感觉它挺厉害的，都敢去惹狮子。"

欢欢说："我感觉动物园里的动物都不太凶猛啊，懒洋洋的，可以试试放在一起。"

明明接着说："猴子会爬树，狮子就捉不到它了。"

小博也说："对，猴子爬树特别快，肯定捉不到。"

琳玉连忙说："在电视上，我看到狮子也会爬树的，要是一头狮子去爬树，一头狮子在下面，那猴子可真的要被狮子吃掉了！"

老师把孩子们的观点记录下来，请大家继续寻找答案：什么情况下狮子和猴子能生活在一起？什么情况下不能生活在一起？为什么？

小朋友们就像一个个小神探，又开始有理有据地说着自己的猜想。

案例分析

1.老师在主题活动中，为幼儿创设宽松的环境，能够给予幼儿充分的空间自主回答。

2.在师幼互动中，要尊重幼儿的主体地位。老师既倾听"按照物种"分配场馆的说法，也鼓励小川发表不同的意见，大胆表达，不断强化幼儿的互动行为。

3.在整个过程中，幼儿主动参与，根据自身的生活经验，互相交流想法，主体地位得到了充分体现。

4.老师引导芳芳将自己作为思考者，即使芳芳没有完全想好答案，老师却注意到她进行着思考，并鼓励她继续思考。

5.小川开始犹豫自己的回答，说明他缺乏自信，当自己的想法得到老师和同伴的肯定时，小川得到了自信心和接纳，再次回答时是大声表达的。

6.幼儿都是基于自身的已有经验进行回答和推测的。米奥认为猴子爱挑衅，是因为在动物园表演时，他看到过；欢欢认为动物园里的动物不凶猛，是因为他看到的动物都是懒洋洋，不理睬游客的。

互动质量评估

1.通过本次活动，教师对幼儿有了更深的了解，更愿意让幼儿展示他们知道的，让他们按照自己的经验推测。

2.在活动过程中，幼儿是积极思考、自信、放心大胆地表达真实情绪和不同观点的。例如，琳玉因为在电视中了解过猴子与狮子的生活习性，一直坚持是不可以在同一场馆的；而米奥则因为看到过猴子挑衅狮子，认为猴子肯定不怕狮子，可以放在一起。

3. 在思考小猴子与小狮子是否可以和谐相处时，丁丁因为见到狗妈妈为小老虎喂奶，并将此想法沿用到小猴子与小狮子身上。

4. 琳玉家长反馈琳玉在家经常和爸爸一起观看《动物世界》，老师也向家长讲述了琳玉的推测。

（石家庄市桥西区童星幼儿园　位佳琳）

视频二维码

班级大会召开了

▶ 案例背景

《评估指南》关于师幼互动的评估指标指出：尊重并回应幼儿的想法与问题，通过开放性提问和讨论等方式支持和拓展每一个幼儿的学习。

关于家长展示活动表演队形，小朋友有不同的想法，站在哪里，从哪里上下场，距离远近、前后排列，怎样分组变换等"专业问题"，一场班级讨论大会就此展开。

在一次家长展示活动筹备中，孩子们对表演队形的安排表现出了极大的兴趣。有的建议从一侧上场一侧下场更加有序；有的建议变换队形，增加表演的趣味性；有的提议加入舞蹈元素，提升表演的观赏性；还有的想要尝试一些新颖的表演形式。小朋友们讨论后画出简图，开始排练起来……

▶ 案例描述

"小朋友们，大家好！又快到我们班的家长展示活动啦，需要排练一场精彩的表演。那么，关于表演的队形，你们有没有什么好的想法呢？"老师用热情洋溢的语调开启了班级大会。

萱萱第一个举手说："老师，我觉得我们可以按照身高来排列，这样从一边上场看起来会比较整齐。"米琪则提出了不同的看法："我觉得我们可以按照故事角色来分组，一组一组上台。"

"那还有没有其他的小朋友想要分享自己的想法呢？"在老师的鼓励下，小朋友们纷纷发表自己的看法。

豆豆说："老师，我们要排好队从左边上场右边下场，要不然就乱啦！""那我们可以选一个口令员啊，带着我们等待上场。"萌萌回答道。

老师肯定地点点头："豆豆和萌萌说的是上下场的问题，安静候场也是表演的一部分，口令员会让我们更有秩序啦！那我们怎么找到自己的位置呢？"

萌萌想了想，说："我们可以张开手臂找位置呀，或者我们把位置图画下来吧，这样就更清楚啦！"

"好呀，那我们就请小朋友们把自己的想法画下来，我们再进行分享吧！"小朋友们兴奋地拿起画笔和纸张，开始认真地绘制起来。

不一会儿，一幅幅充满创意的简图就完成了。小朋友们纷纷上台展示自己的作品，并解释自己的想法和创意。

"老师，这是我画的队形图，我设计的是站成一排从一边上场。"丽丽指着自己的作品说。

"我画的是爱心队形，需要小朋友从两边分组上场。"夏夏说。

大家又有了很多想法，老师回应道："那我们都来试一试吧！"

根据绘制的简图，小朋友们开始进行排练。在排练过程中，老师与小朋友们进行了频繁的互动。

"小明，你站错位置了，爱心队形排不成啦！"

"那我们一起来调整一下位置吧！"

当发现某个环节存在问题时，老师会及时与小朋友们一起讨论并找出解决方案。在师幼的共同努力下，表演队形出现了各种变化。

▶ **案例分析**

1.通过老师与幼儿的对话，可以发现老师不仅耐心倾听小朋友们的想法，还给予积极的反馈和建议。

2.班级讨论大会主要解决的问题是家长展示活动中怎样上下场、怎样排队和变换队形等问题，开放性讨论激发幼儿的学习兴趣与创造力。

3.我们可以看出，幼儿在上下场和排队问题的解决上，结合自己的生活经验提出一侧上一侧下的想法。之所以可能出现排队混乱的问题，是由于大家还没有制定统一的规则。

4.通过交流，小朋友们练习如何表达自己的观点、如何接受他人的意见、如何解决问题等。

5.通过绘制简图和排练实践，小朋友们将讨论成果转化为实际操作。这种学习方式更符合小朋友们的认知特点，有助于提升学习效果。

▶互动质量评估

1.幼儿能够更轻松、更有能力地解释自己的思考过程，通过告诉老师他们在做什么，想法是什么，从而发起了更多的互动。从案例中可以看出，小朋友们对班级大会的召开和开放性讨论的实施表现出了极高的参与度。

2.教师不像以往那样不由自主地频繁使用"教学语言"，而是有意识地调整语言以适合幼儿个体的需求。在案例中，老师与小朋友们之间的互动频繁且有效。这种良好的师幼互动为小朋友们的全面发展提供了有力支持。

3.家长通过观看展示活动，认为应该鼓励孩子的积极行为。

4.班级氛围呈现出更缓慢的节奏，幼儿更长时间地沉浸于自己的活动中。

（石家庄市桥西区童星幼儿园　王蕾）

第七节　认可差异，整合目标是有效互动的本质

　　每个孩子都是独一无二的个体，他们在兴趣、能力、性格等方面存在着显著的差异。因此，教师在与幼儿互动时，需要充分认可并尊重这些差异，同时根据幼儿的实际情况和发展目标，灵活调整教育策略，以实现教育目标的整合和优化。

　　教师需要细心观察每个幼儿的特点和需求，理解他们在发展过程中的优势和不足。在此基础上，教师可以为不同幼儿提供个性化的教育支持，如为能力较强的幼儿提供更具挑战性的任务，为需要帮助的幼儿提供更多的指导和鼓励。这种个性化的教育方式有助于满足每个幼儿的发展需求，促进他们的全面发展。

　　在教育过程中，教师需要根据幼儿的实际情况和发展目标，制订合适的教育计划。这些目标应该是具体、可衡量的，能够指导教师在教育实践中不断调整和优化教育策略。同时，教师需要关注幼儿在不同领域的发展情况，努力实现各领域目标的整合和协调发展。

在你说我猜的游戏中认识动物

视频二维码

▶ 案例背景

《评估指南》关于师幼互动的评估指标指出：理解幼儿在健康、语言、社会、科学、艺术等各领域的学习方式。

在学习动物知识的活动中，儿童能够提出自己感兴趣的内容，对于互动过程中出现问题，也能积极思考对策。大家提出了哪些奇思妙想呢？

动物园主题中，老师从孩子们的讲述、绘画、立体制作、动物园场馆建设等活动中，观察到小朋友对于动物的知识了解得越来越多。小华提出了做游戏的方式，让所有小朋友对于相关内容的认知有了新的角度。他提出了什么问题激发了小朋友的兴趣呢？我们一起来看一看吧。

▶ 案例描述

有关动物的谈话活动刚结束。小华问和自己坐在一桌的几个小朋友："你们知道什么动物身上有黑颜色吗？谁猜到谁就赢了。"明明、亮亮和倩倩同时举起了手。小华说："亮亮先举的手，你来说。"亮亮很肯定地说："是斑马。"小华说："不对。"倩倩说："我知道，是大熊猫。"小华摇着头说："也不对。"明明说："是企鹅吧，企鹅

163

身上也有黑颜色。"小华说："我想的是'猎豹'，你们都没有猜对。"

倩倩说："可是熊猫身上也有黑色呀，为什么不能猜'熊猫'？"明明说："企鹅和斑马身上也是黑的。"

小华说："那咱们换个猜法：什么动物有四条腿，喜欢吃肉？"倩倩说："是老虎。"明明说："我猜'大灰狼'，大灰狼也喜欢吃肉。"小华："我想的答案还是'猎豹'。猎豹不就是有四条腿，喜欢吃肉吗？"亮亮说："狮子和狗熊也是四条腿。它们也喜欢吃肉。"

小华说："你们知道一个游戏叫'你说我猜'吗？"

大家都摇头。

小华说："一个人当出谜语的，一个人当猜谜语的，还有一个当裁判。"

明明问："什么是'裁判'啊？"

小华说："就是只有他知道答案。"

"那他是怎么知道答案的呢？"倩倩问。

小华说："裁判拿一张图，说的人能看，猜的人不能看。猜对了就算赢。"

亮亮很遗憾地说："听起来很好玩。可是我们没有动物图片。"

"老师有啊。咱们去找老师。"小华动员大家。

小华走到老师面前说："老师，我们想玩'你说我猜'的游戏，我们没有动物图片。你能给我们几张吗？"

"这个游戏听起来很有意思，我能和你们一起玩吗？"老师提出了加入游戏的意愿。

"能啊。老师你当裁判吧。"小华说，"我还当说谜语的。谁想来猜？"

倩倩举手担任了猜谜的角色。

老师拿出一张大象的图片，站在裁判的位置上。

小华说："这个动物很大，有两只大耳朵，还有长长的鼻子。"

倩倩说："是大象。"

"猜对了。"亮亮和明明都为她鼓掌。

"我也想当说的人。"亮亮举手表示，"我想猜。"明明说。

老师换了一张绵羊的图片。亮亮说："它有四条腿，头上有犄角。"

明明说；"是牛。"亮亮说："不对。"

老师说："亮亮，这个动物个头大吗？""不大。"亮亮回答。

"它是什么颜色的？"

"白色的。"

"你能学学它怎样叫吗？"

"它咩咩叫。"

明明说："是绵羊。"

"对了。"倩倩和小华高兴地鼓掌。

▶ 案例分析

1. 小华向老师提出对于图片的需求以及希望老师加入游戏的意愿。这表明幼儿对教师的信任，渴望自己的主张获得教师的支持。

2. 老师为幼儿提供了图片并在游戏中担任角色。表明教师以实际行动支持幼儿的灵感，给予幼儿精神上的鼓励。

3.参与游戏的幼儿能够尝试不同角色，能够看出幼儿对于新事物的好奇心及尝试愿望。

4.当游戏中出现波折时，教师以提示的方式帮助猜谜的小朋友成功找到了答案。这表明教师能够在适当的时机给予幼儿帮助与支持。

▶ 互动质量评估

1.小华在与同伴的自主游戏中能够自信地表达自己的见解并邀请同伴回应，表明儿童轻松、自在的心理状态。

2.倩倩、明明和亮亮对小华的游戏提出了一些质疑，表明儿童能够积极思考，提出不同看法。

3.大家发现新的游戏提议中涉及到的图片需要老师来提供，"裁判"这一角色的概念也需要老师来强化，于是寻求老师的帮助，以解决问题。

4.老师用几个能够表明动物特征的问题帮助亮亮完成了游戏任务，表明老师帮助幼儿解决问题，而不是替他们解决问题。

（石家庄市实验幼儿园　赵苑君）

各显神通的小小"快递员"

视频二维码

▶ **案例背景**

《评估指南》关于师幼互动的评估指标指出：尊重幼儿发展的个体差异，发现每个幼儿的优势和长处。

低结构游戏材料的收纳与整理应是游戏的重要组成部分，按照标识将积木分类并放置到贴有相应图标的柜子里，分类方式、摆放习惯不同，就会产生各种收纳结果，收纳时间也或长或短。

孩子们在游戏时会将不同形状的积木根据需要，搭配到一起进行搭建，游戏结束有时会把所有搭建物推倒，形成一片一片的混合型"积木堆"，今天又出现了这种情况，一起来看看今天他们是怎么做的吧。

▶ **案例描述**

游戏结束的音乐响起，孩子们放下手中的积木。丁丁飞奔到操场的"停车区"，推来了一辆小车。

丁丁将小车推到散落在地上的积木旁边，专门挑拣砖型积木往小车里面放，不一会儿，丁丁就将满满一车的积木推到了装砖型积木的柜子旁边，辰辰早早等在这里，两人相视一笑，辰辰将丁丁送到的砖形积木往柜子里面进行整齐地摆放。

卸了这一车的砖形积木，丁丁又去装长条形的积木，同样的在长条形积木柜子旁边也有小朋友在负责整理摆放。

在"积木堆"的战场上有人在进行分类挑拣，将不同类型的积木区分开分别推到一堆，也有人直接捡拾几块相同的积木就往相应的柜子旁边走去。

恩恩和彤彤就是其中一组，他们徒手将积木运送到相应的柜子旁边并且整齐地摆放到里面，捡拾—运送—摆放的过程"一手包办"。

"老师，帮帮我们吧，这两个积木套在一起打不开了。"小泽走

到老师面前寻求帮助。

原来两个圆柱体的空心积木套到了一起，孩子们力气小，拽不开。

"就这样放回去不行吗？你是怎样想的？"老师充满好奇地问道。

"那怎么可以，这样的话等其他小朋友想玩的时候也会打不开的，而且他们可能不想这样子两个套在一起玩吧。"小泽认真地回答。

"原来你们在担心之后在游戏区游戏的小朋友呀，老师愿意帮助你们。"老师将两个积木拆开后，小泽高兴地将积木送回去了。

孩子们有条不紊地继续着他们的运送整理工作，每个人都在用自己觉得合理的方式进行收纳整理。

▶ **案例分析**

1.通过老师与小泽的互动，可以发现老师始终认真观察和倾听幼儿想法，支持幼儿选择。

2. 老师与小泽的互动中，老师没有第一时间代替他解决问题，而是说"你是怎样想的？""为什么要分开之后再收纳？"引导小泽进行自主思考、分析做这件事的原因以及结果。

3. 丁丁和辰辰两位小朋友在运送积木时的相视一笑，通过两个小朋友的互动，可以看出两人是有计划、有分工，相互之间有配合。

4. 有的小朋友在运送积木，有的小朋友在整理摆放积木，有的小朋友在分类捡拾积木，通过这些我们可以看出，孩子们运送积木是有计划进行，每个孩子分工不同，负责的内容不同，是经过多次的合作积累出来的默契，也是通过多次收纳整理活动总结的经验。

5. 从小泽拆开积木的理由体现出他不仅仅关注自己和同伴的游戏需求，也关注到其他小朋友的游戏需求，清楚其他人可能对于相同的玩具有不同的玩法。幼儿开始关注他人，理解他人的想法，这是社会性发展的体现。

▶互动质量评估

1. 小泽遇到困难后积极寻求老师的帮助解决问题，解决了问题后感到高兴和自豪，放心与老师分享他的思考和感受。

2. 老师发现在积木游戏活动中幼儿所说、所做的事情更加有趣。老师越来越安于当配角，而不是当导演。

3. 老师与丁丁妈妈主动讲述了今天丁丁收纳整理的行为，丁丁妈妈也向老师分享了丁丁在家"教育"妹妹收纳整理时的心得。

4.老师感觉这次活动自己能够轻松做到"到场"，不急于指挥幼儿按照怎样的方式"工作"，能有更多的时间去观察每一个孩子，通过观察他们的行为了解他们的"工作方式"，为之后与他们进行积极互动打下基础。

（石家庄市实验幼儿园　杨静）

微信扫码
AI 教学助手
内容图谱
知识图卡
保育笔记

松松的奇妙放大镜

视频二维码

▶ 案例背景

《评估指南》关于师幼互动的评估指标指出：促进幼儿在原有水平上的发展。

在动物园三个场馆中出现同时使用胶带、胶棒、双面胶、胶水、胶枪以及超轻黏土等多种粘贴固定方式，这是怎么做到的呢？

松松特别喜欢收集家里不用的废旧材料带到幼儿园，放进班级"材料库"。在制作活动时他就可以挑选自己喜欢的材料进行制作。今天，松松要做一个熊猫玩的爬架，于是他从"材料库"找到需要的材料，我们一起走进松松的世界，看看他是怎么制作的吧！

▶ 案例描述

小小设计师和建筑师们正在认真建设动物园场馆，听到选择材料和工具的音乐响起，松松就一溜烟跑到"材料库"挑选材料，经过一通挑选他拿出一张卡纸、一个泡沫筒以及一根吸管。

　　松松拿着材料回到座位上开始制作，他先是把泡沫筒裁开变成两节，然后拿出双面胶试着把泡沫筒和卡纸粘在一起，但是他试了一次又一次都没有成功。他坐在椅子上开始发呆，然后像是想到什么一样走到老师的面前："老师，你能帮我把这两个粘在一起吗？我用双面胶粘不住。"

　　"你是想要把泡沫筒和卡纸粘到一起吗？你用双面胶怎么粘贴的？你可以再次演示你用双面胶粘贴的过程吗？"老师问。

　　松松演示双面胶粘贴卡纸和泡沫筒过程。老师："我看到你把一个平面的卡纸和立体的泡沫筒用双面胶粘在一起没有粘住。用双面胶粘贴固定平面和立体的物品可能有些困难，那你刚刚只尝试了双面胶这一种粘贴方式吗？你还有其他的粘贴方式吗？"

　　"我不知道怎么粘，我没有其他办法了。"松松看着地板说道。

　　"那你把你的眼睛变成放大镜，我们一起去其他小朋友那里看一看他们用了什么粘贴工具，怎么把不同的材料粘贴到一起的，说不定你会有启发。"松松拉着老师的手去参观其他小朋友的制作活动。

参观后老师问道："我发现有个小朋友把冰糕棍插进泡沫里，也能连接起两种材料。松松，你发现了什么？"

"我看到他们用胶棒和胶带把彩纸和纸板粘在一起。"松松看起来好像有了新的想法，小脸红扑扑的回到座位进行制作。

松松把折纸剪成圆形，然后用胶棒将小圆片贴在卡纸上进行装饰，把透明胶带剪成条状两端对折粘在卡纸上，拿着泡沫筒往胶带上粘，但是泡沫筒还是一下子就掉下来了。

"老师，我还是粘不住。"松松的声音听起来有点沮丧。

"没关系，我们可以尝试其他的粘贴方法，你用'放大镜'观察小朋友制作的时候，除了胶带和胶棒还用到了什么样的粘贴方式？平时你还见过哪种粘贴方式呢？"老师说。

"我没有看到。"

"你还记得早上小朋友分享的滑梯是哪种粘贴方式吗？如果不记得，你可以去展区用'放大镜'看看。"

观察结束之后，"我看到了，是用的彩泥！我还看到用胶枪粘的栅栏，老师你可以帮我热上胶枪吗？"松松兴奋地说道。

"当然可以！"说完松松回到座位继续他的制作活动，最后他的爬架玩具分别用胶枪、彩泥和胶棒进行粘贴固定。

▶ **案例分析**

1.通过松松和老师的互动，可以看出老师密切关注幼儿、耐心倾听幼儿并且理解和尊重幼儿。

2.松松能快速从"材料库"选出需要的材料，说明松松有明确的制作计划，且对本次主题有着浓厚的兴趣。

3.在幼儿遇到困难的时候，老师并没有直接介入幼儿的活动，在幼儿主动求助的时候，老师也是采用陪伴、引导的方式帮助幼儿。

4.老师采用让松松使用"放大镜"观察的方式帮助松松解决问题，这样的说法富有趣味性，更能吸引幼儿兴趣。

5.松松采用双面胶粘贴，说明松松具有相关的知识经验，但是由于材质问题松松没有粘牢，后续制作活动可以帮助松松了解不同材质使用哪种粘贴方式会粘牢固，丰富相关知识经验。

▶ **互动质量评估**

1.老师在引导松松的时候会拉着松松的手，幼儿与老师在一起时更加放松和舒适。

2. 松松遇到困难能够主动向老师寻求帮助，通过告诉教师他在做什么、遇到了哪些困难，主动向教师发起互动。

3. 老师在帮助松松解决问题的时候，给松松留出时间思考不要急于告诉幼儿答案，松松面对老师的提问不恐惧、不害怕，积极思考大胆说出自己想法，与老师的相处愉快、自在。

4. 这次互动老师觉得自己在幼儿工作和游戏时，更加放松地接近他们，自己的教学更有效了。

（石家庄市实验幼儿园　尚润洁）

"变形"的大象

视频二维码

▶ 案例背景

《评估指南》关于活动组织的评估指标，指出：不片面追求某一领域、某一方面的学习与发展。

绘画活动是一项综合活动，是幼儿利用书面形式表达体验、表征经验的前书写活动。绘画活动不仅满足幼儿写写画画的需求，通过对绘画作品的分享，思维和语言也得以发展。在绘画时，幼儿会结合自己的生活和游戏体验，可能会抓住物体的一个特征或几个特征进行绘画。

在动物园主题中，幼儿通过绘画，表现建设场馆的过程，每次画面呈现出来的内容各自不同：有人喜欢重复表现同一主题，有人经常会画出不同的对象；有多个场景的组合，也有一个单独的物品；有使用一种画笔、一个颜色的素描，也有同时"动用"两三种工具、五颜六色的作品。让我们一起走进今天的主题绘画活动，看看小朋友是怎样绘画动物园主题中的大象馆。

▶▶ **案例描述**

集体绘画时间，云朵班在画动物园当中的大象馆、天鹅馆、海龟馆。小朋友可以画场馆中的情景，也可以画建设场馆的情景，可以观察场馆，也可以画自己想出来的画面。

小朋友边听音乐、边取绘画工具，边想一想画什么、怎么画。

俏俏在画纸上画了一个椭圆、两个圆形，自己不断欣赏着。

"俏俏，我猜猜你画的是什么吧。"慧慧说。

"是小猪？"慧慧说。

"为什么？慧慧从哪里看出来的？"老师好奇地问。

"中间这个大大的椭圆像个头，两边的圆形像两个耳朵，小猪的耳朵就是大大的。"慧慧说。

"我也猜一猜，可能是大象，因为我从两个椭圆看出来像两个大耳朵。"老师说。

"我画的是大象，这个椭圆形是大象的头，旁边这两个圆形是大象的两个大耳朵，这两条弯线是大象的眼睛。"俏俏迫不及待地公布了答案。

绘画环节结束了，接下来是幼儿分享作品的环节。俏俏高高地举起小手，希望与小朋友分享自己的作品。

"请俏俏来分享自己的作品吧。"张老师说。

"大家好，我是云朵班的俏俏，我来讲讲我的画。我画的是大象，这个椭圆形是大象的头，旁边这两个圆形是大象的两个大耳朵，这两条弯线是大象的眼睛。"俏俏说。

"你为什么要画弯弯的眼睛呢？你是怎么想的？"张老师问。

"因为它是高兴的。"俏俏说。

"老师听到俏俏说，她画的是大象，她画出了大象的头、耳朵和眼睛，老师发现俏俏画的大象抓住了大象耳朵大大的、从有些角度看有点像圆形的特点。她还用弯弯的线画出了大象的眼睛，俏俏告诉我们大象是高兴的快乐的。她用两个大大的圆形表现大象的耳朵，用向下弯曲的弧线画出笑着的眼睛。俏俏发现的这两种方法，小朋友们如果愿意，都可以试一试哦。如果你也有用形状表现物体特征、用线条表现情绪的方法，也要跟我们分享哦。"

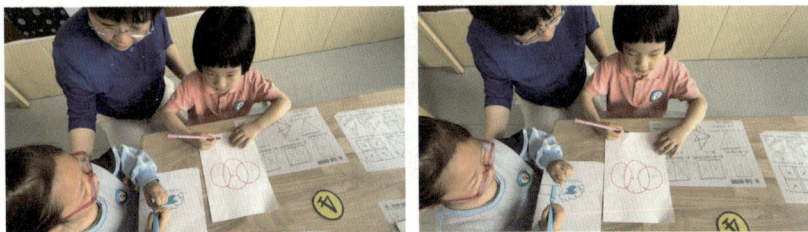

▶ 案例分析

1.幼儿通过绘画、讲述等方式对自己经历过的游戏、阅读图画书、观察等活动进行表达表征，教师能够一对一倾听并真实记录幼儿的想法和体验。

2.在绘画和分享环节，教师尊重幼儿个性化表征经验，使用具体描述的语言，引导幼儿从同伴的技能经验向学习方法、合作学习等方面发展，促进幼儿在原有水平上的发展，而不是片面追求美术技能的练习和展示。

3.中班小朋友在活动中，不仅能够关注到自己的兴趣爱好，而且逐渐过渡到关注到他人对自己的评价，从而影响到自己做事的心态。

4.俏俏清楚今天的绘画计划，知道自己想画什么，不断思考怎么画。

5.主题绘画活动要解决的是"画什么""怎么画""为什么这样画"这三个问题，从案例中能够看出俏俏能够观察到大象的某些特点，并把它展现在绘画作品中。

6.教师表现出自己的兴趣和好奇，用猜测的语言分析幼儿的作品，同时教师说出了幼儿作品中某一部分的特征与整体的关系，让幼儿从具体描述的语言中，感受到教师对幼儿作品的理解和关注。

▶ 互动质量评估

1.教师与幼儿互相交谈时使用诸如"思考""想""考虑"之类的词语。

2.在幼儿作品分享环节，幼儿能够更轻松、更有能力地解释自己的思考过程。

3.老师与俏俏妈妈主动交流这件事，俏俏妈妈也不时跟老师分享她在家里写写画画的那些事儿。

（石家庄市实验幼儿园　张洁）

微信扫码

AI 教学助手
内容图谱
知识图卡
保育笔记

附录：评估量表

参考文献

[1] 高敬，杨爱娟，袁敏姗，朱小妹 . 幼儿发展评价指南 [M]. 上海：华东师范大学出版社，2021.

[2] 柳茹 . 师幼互动中的教师适宜应答策略研究 [M]. 北京：教育科学出版社，2014.

[3] 沙莉，刘昊 . 师幼互动的理论与实践的探索 [M]. 北京：光明日报出版社，2022.

[4] 朱继文 . 师幼互动理念下的园本课程 [M]. 北京：北京师范大学出版社，2010.